基于复杂网络的供应链信任演化机理与测度模型研究
国家自然科学基金项目（71662007）

广西农产品供应链协调机制与管理策略

张学龙 著

科学出版社
北京

内 容 简 介

本书运用定性和定量相结合的方法，从理论和实证两个角度，全面系统地研究广西农产品供应链协调机制与管理策略。全书共分为 8 章，包括导论、农产品供应链相关理论基础、广西农产品供应链现状及存在的问题、农产品供应链系统稳定性测度方法、制造商主导型农产品双渠道供应链协调决策、考虑价格和服务竞争的农产品供应链协调决策、农产品供应链回购契约协调决策、广西农产品供应链管理模式分析。

本书适合农产品供应链管理领域的初学者学习使用，也可供从事供应链管理咨询等从业人员在撰写农产品供应链管理研究报告时参考使用。

图书在版编目（CIP）数据

广西农产品供应链协调机制与管理策略/张学龙著. —北京：科学出版社，2020.5

ISBN 978-7-03-064870-9

Ⅰ. ①广… Ⅱ. ①张… Ⅲ. ①农产品-供应链管理-研究-广西 Ⅳ. ①F724.72

中国版本图书馆 CIP 数据核字（2020）第 065840 号

责任编辑：杭　玫 / 责任校对：贾娜娜
责任印制：张　伟 / 封面设计：正典设计

科学出版社 出版
北京东黄城根北街 16 号
邮政编码：100717
http://www.sciencep.com

北京盛通商印快线网络科技有限公司　印刷
科学出版社发行　各地新华书店经销

*

2020 年 5 月第 一 版　开本：720×1000　B5
2020 年 5 月第一次印刷　印张：8 3/4
字数：176 400

定价：72.00 元
（如有印装质量问题，我社负责调换）

作 者 简 介

张学龙，山东省高密市人，博士，管理学教授，桂林电子科技大学商学院硕士研究生导师，主要从事供应链管理、决策分析、现代工业工程等研究。在供应链管理、工业工程研究领域中，取得了一些研究成果，在国内外学术期刊、学术会议发表论文 60 余篇，出版专著 2 部，主持并完成各类课题 20 余项，其中主持国家自然科学基金项目 1 项、主持完成教育部人文社会科学青年基金 1 项和广西哲学社会科学规划课题 2 项，获省部级优秀成果奖 3 项，主编教材 1 部，参编教材 5 部。

前　言

产品供应链的协调问题对于稳定国民经济健康发展、保障居民生活稳定具有重要作用，2004~2018年我国政府连续出台十五个和"三农"问题相关的一号文件，充分显示了中央对"三农"问题的重视。本书以广西农产品供应链为研究对象，综合采用管理学、运筹学、经济学等学科的多种理论和方法研究广西农产品供应链协调机制及其管理模式，本书的研究结论对于保障广西区域经济可持续发展具有重要的战略意义，并直接为广西农产品经济的良性发展及政府有关部门的重要决策提供科学依据。

本书运用定性与定量相结合的方法，从理论与实证两个角度，深入研究广西农产品供应链协调机制及管理策略。全书共分8章，第1章为导论，具有概括作用，重点介绍农产品供应链的研究背景、研究现状、研究意义和研究内容等；第2章为农产品供应链相关理论基础，较为详细地分析了农产品供应链的概念，从本质上研究农产品供应链的特点，并从不同角度对农产品供应链进行分类，深入研究农产品供应链上各主体的功能，总结现存的农产品供应链模式；第3章为广西农产品供应链现状及存在的问题，针对广西的区位优势、农业概况和农产品生产现状，研究广西农产品供应链流通特点，深入分析广西农产品供应链现行模式及存在的问题；第4章为农产品供应链系统稳定性测度方法，供应链的波动效应加大了农产品供应链系统建模的难度，稳定性是农产品供应链管理的重要目标之一，该章以供应链网络为研究基础，建立农产品灰色多级排队供应链系统，并采用多级排队网络方法研究其稳定性测度方法；第5章为制造商主导型农产品双渠道供应链协调决策，以制造商主导型农产品供应链为研究对象，分别建立双渠道农产品供应链的集中决策、分散决策和协调决策模型，研究农产品供应链协调问题；第6章为考虑价格和服务竞争的农产品供应链协调决策，针对"产品+服务"式消费理念日益突出的情况，通过引入价格交叉系数、服务替代系数两个变量，建立集中决策、分散决策和协调决策模型等不同情形的农产品供应决策模型，并分析不同决策情形的农产品供应链决策问题；第7章为农产品供应链回购契约协调决策，针对农产品供应链产出和需求不确定性等问题，考虑农产品的缺货损失和剩余残值，建立双重不确定性条件的农产品供应链协调决策模型，研究风险中性下制造商和零售商构成的农产品供应链系统的最优计划生产量和订货量策略；第 8 章为广西农产品供应链管理模式分析，分析广西农产品供应链管理模式，建立广西农产品供应链管理的目标模型，为实现目标模型，提出广西农产品供应链管理未来发展的主要任务与举措。总之，本书的特点是系统全面、研究性和学术性较强。

  本书在写作过程中，参考了大量相关书籍和文献资料，特向与本书相关的书籍和文献资料的作者表示衷心的感谢！同时本书在出版过程中，还得到了科学出版社的大力支持，在此一并表示感谢！

  由于笔者水平有限，加之农产品供应链管理理论与实践的发展迅速，书中难免有不足之处，欢迎广大读者批评指正。

张学龙
2018 年 6 月于桂林

目　　录

1 导论 ··· 1
　1.1 农产品供应链的研究背景 ··· 1
　1.2 农产品供应链的研究现状 ··· 3
　1.3 农产品供应链的研究意义 ··· 8
　1.4 农产品供应链的研究内容 ··· 9
2 农产品供应链相关理论基础 ··· 11
　2.1 供应链管理的理论基础 ··· 11
　2.2 农产品供应链 ·· 17
　2.3 农产品供应链模式发展趋势分析 ····································· 29
　2.4 中国农产品供应链概述 ··· 32
　2.5 发达国家农产品供应链特点 ·· 36
　2.6 本章小结 ··· 39
3 广西农产品供应链现状及存在的问题 ·································· 40
　3.1 广西的区位优势 ·· 40
　3.2 广西农业概况 ·· 40
　3.3 广西农产品生产现状 ··· 41
　3.4 广西农产品供应链流通特点 ·· 43
　3.5 广西农产品供应链现行模式 ·· 47
　3.6 广西农产品供应链问题分析 ·· 49
　3.7 本章小结 ··· 51
4 农产品供应链系统稳定性测度方法 ······································ 53
　4.1 问题的提出 ··· 53
　4.2 农产品灰色多级排队供应链系统 ····································· 54
　4.3 供应链稳定性的测度方法 ·· 56
　4.4 方法应用与结果分析 ··· 59
　4.5 本章小结 ··· 63

5 制造商主导型农产品双渠道供应链协调决策 65
5.1 问题的提出 65
5.2 问题描述与模型假设 66
5.3 双渠道农产品供应链决策模型 67
5.4 数值分析 74
5.5 本章小结 78

6 考虑价格和服务竞争的农产品供应链协调决策 79
6.1 问题的提出 79
6.2 问题描述与模型假设 80
6.3 农产品供应链决策模型建立和求解 81
6.4 数值计算与结果分析 89
6.5 本章小结 92

7 农产品供应链回购契约协调决策 93
7.1 问题描述 93
7.2 模型描述与符号说明 95
7.3 农产品供应商和零售商供应链协调决策模型 96
7.4 回购契约协调决策模型 100
7.5 数值仿真 103
7.6 本章小结 106

8 广西农产品供应链管理模式分析 107
8.1 广西农产品供应链的未来发展模式 107
8.2 广西农产品供应链发展对策分析 110
8.3 广西农产品供应链前景预测 114
8.4 本章小结 118

参考文献 119

后记 129

1 导　　论

1.1　农产品供应链的研究背景

我国是农业大国，农业问题一直是党和国家工作的重点，国家采取了各种政策保护农业，发展农村，增加农民收入。而保证农产品顺利流通则是发展农村、增加农民收入、满足人民生活需求的重要手段之一。

我国农业生产中有相当一部分属于自给自足的小农经济，欠缺规模优势，农户常常会面临产品销售困难和销售价格低廉的问题，这些问题导致农民收入不高，生产积极性降低。而作为农产品流通终端的消费者同样面临农产品价格高但质量难以保证等问题，这些问题产生的原因在于农产品市场机制不够完善，同时农产品市场面临流通渠道不畅、产供销链条稳定性欠缺等问题。解决这些问题在很大程度上有助于改善"三农"问题，有助于宏观方面调整农业结构，推进农村经济发展，而其中使用适当的方法疏通农产品流通渠道，形成稳定的产供销链条，打造合适的农产品供应链管理模式则对解决这些问题具有极大的促进作用。

我国农业经过几十年的发展取得了很大的成就，农产品产量不断增加，基本上可以满足我国人民的需求，而且有越来越多的品种进入国际市场，农产品生产也开始往规模化方向迈进，因而目前关注的焦点已经从农产品的生产阶段转变为农产品的流通阶段。农产品的流动方向和数量是由农产品的生产和需求共同决定的。我国地域广阔，物产丰富，农产品种类繁多，而且产地分散，同时消费者对于农产品的需求也是多样化的，因而传统小范围的区域内销售已经不能够满足农产品流通的需求，农产品流通需要更加柔性、及时、高质量的管理模式。

供应链管理于 20 世纪 80 年代初被提出，并在 20 世纪 90 年代得到了迅速的发展。供应链管理应用于企业管理并给企业带来了巨大的经济效益，因而从面世以来，就受到了企业的格外关注，成为现代企业管理的重要模式，同时也成为管理学界的一个热门研究领域。有鉴于此，有必要将供应链管理思想引入农业领域中，近几年，已经有学者开始进行农产品供应链有关问题的研究。

由于我国农业生产的特点，农产品供应链上核心企业不明确，链上主体众多，呈现出散、乱、多、动荡性强的特点。根据现有文献及对广西农产品供销调研结果可知，农产品供应链上企业多数追求自身的利益最大化，企业间合作松散，合作后续性较弱，合作不够稳定，这些问题导致供应链整体获益较低，链上任何企业自身利益受损时，都会导致供应链的断裂，这时企业不得不寻求新的合作伙伴，这势必会使企业交易成本增大，导致资源浪费，造成供应链整体收益较低，链上成员无谓的支出较大，收益降低。究其原因在于供应链成员之间没有实行有效的激励机制和风险共担机制，供应链成员之间合作松散，进出随意性强，链上各个企业没有联盟的意识，直接导致的不良后果就是整个供应链处于一种不合理的状态，交易效率低下。而保证农产品供应链合作的稳定，会使得农产品一进入交易季节就有可能迅速地进入流通渠道到达消费者手中，从而降低农产品无效的损耗，减少农产品交易双方的成本，降低农产品流通的附加成本，农产品价格也随之降低，这样一来，农产品价格组成因素主要为农产品本身的价值和加工后的附加价值，而不是分摊了其他不必要成本，农产品成为真正"物美价廉"的商品。

在当前我国经济发展新常态的背景下，习近平总书记在党的十九大报告关于"实施乡村振兴战略"中也着重提出"实现小农户和现代农业发展有机衔接"[①]，2018年1月"中央一号文件"在"构建农村一二三产业融合发展体系"中强调"重点解决农产品销售中的突出问题，加强农产品产后分级、包装、营销，建设现代化农产品冷链仓储物流体系，打造农产品销售公共服务平台，支持供销、邮政及各类企业把服务网点延伸到乡村，健全农产品产销稳定衔接机制，大力建设具有广泛性的促进农村电子商务发展的基础设施，鼓励支持各类市场主体创新发展基于互联网的新型农业产业模式，深入实施电子商务进农村综合示范，加快推进农村流通现代化"（《中共中央国务院关于实施乡村振兴战略的意见》，2018）。

然而农产品供应链各主体追求自身利益的最大化是永恒的目标，尤其受到自身素质等因素的制约，节点企业首先满足整个供应链的利益最大化基本不可能，而签订的合同履行率很低，合同对于签约者没有很强的约束力，违约现象比比皆是，表面上来看是节点企业间的眼前利益诱导下的短期行为，而内在的根源却是利益和风险共享机制的不健全。因此需要对农产品供应链及成员间复杂的利益关系进行更深层的分析，建立科学合理的农产品供应链协调决策模型，使供应链成员之间真正实现风险共担、利益共享，使企业间合作更为紧密，合作也更为稳

---

① 习近平. 决胜全面建成小康社会 夺取新时代中国特色社会主义伟大胜利——在中国共产党第十九次全国代表大会上的报告. http://cpc.people.com.cn/19th/n1/2017/1027/c414395-29613458.html.2017-10.27.

定。与工业制品相比,农产品具有易腐败、存储条件要求高、生长周期长、季节性强的特点,而农产品产出常常会受到天气等外部因素的影响,并且无法保障农产品质量,即农产品并非"流水线"产品,不具备标准性。农产品本身的特性决定了农产品供应链的协调和一般工业制品供应链的协调会有较大的区别,因而针对农产品本身的特性研究农产品供应链的协调具有较高的理论价值和实际意义。

1.2 农产品供应链的研究现状

1.2.1 国外农产品供应链的研究现状

目前国外关于农产品供应链的研究涵盖了新鲜和非新鲜的农产品供应链、食品供应链及农业生产资料供应链等。

以供应链管理思想对农产品生产经营企业实施组织一体化的协作与整合方面的研究在国外起步较早。学者 Mighell 和 Jones 于 1963 年最早提出了在农业中进行"纵向协调",农业为组织设计的经济学创新提供了最早证据,相对技术革新而言,组织设计更能够影响一个行业未来的发展方向。这种"纵向一体化"协作包括了从原材料生产、加工、储存到运输、销售等活动在内的一系列过程。

基于 Mighell 和 Jones 的前期工作基础,Barkema(1993)从消费者需求变化的角度强调食物系统需要具有快速适应品味和偏好变化的能力,由此要求食品行业的纵向成员间的传统合作关系(包括如何快速了解顾客需求的方式)也必须发生变化。Barkema 认为契约和整合的出现创造了一种新的交流方式,这种交流方式使顾客需求沿着链条向食物生产者传递的能力得到增强。

den Ouden 等(1996)认为农产品生产的自然属性(如生产有自然周期,农户投入受生物变化、季节、气候及灾害等随机因素的影响等)和产品易腐及需求的相对稳定等特性能够促使农产品供应链中的组织寻求合作而形成联盟,并首次在一般供应链的基础上提出了食品供应链的概念,认为食品供应链管理是农产品和食品生产、销售等组织,为了降低食品和农产品的物流成本、提高农产品与食品质量和服务水平而实施的一种垂直一体化的运作模式。

Golan 等(2003)在研究中根据农产品物流的发展阶段,把农产品供应链划分为哑铃型农产品供应链、T 型农产品供应链、对称型农产品供应链和混合型农产品供应链四种范式。其中,哑铃型农产品供应链是指供应链较短,交易两端的主体众多,而中间环节少;T 型农产品供应链是指食品供应链上游的生产者众多,而中下游的中间商和销售商较少而且集中;对称型农产品供应链是指上游农产品供应商与下游超市连锁店的数目呈现对称增长的趋势；混合型农产品供应链是指在体系中呈现多种供应链模式。

一些学者针对各国农产品生产经营的不同发展阶段和发展环境从供应链的不同角度、针对不同的农产品而展开不少相关研究。Kinnucan 和 Molnar（2004）分析沃尔玛进入食品零售业使得竞争压力日益增强，并研究消费者对食品质量安全和产品多样化需求导致美国和农业供应链结构的显著变化时提出，构成美国农业食品供应链结构的四大显著变化是：食品链在零售和加工等环节的产业集中度上升；合同交易比例上升导致农产品供应链中的紧密性增强；从零售到批发和从批发到生产链条在质量控制上的区别；环境准入规则的不断提高。同时还认为，农业食品竞争的重点已经从链内买卖者之间的竞争转向供应链之间的竞争，提倡通过提升农产品供应链的整体竞争力来为链内成员创造出提升利润空间的机会。

Gimenez 和 Ventura（2005）通过对西班牙零售业的供应链整合研究得出：内部整合与外部整合具有相关性；在内部整合能力普遍不高的阶段，首先使内部整合达到较高水平的企业将获得竞争优势及较高的绩效；当内部整合较普遍的情况下，内部整合只能作为竞争的必备条件，而不能显著提高企业竞争力。

Manthou 等（2005）以希腊的水果罐头为研究对象进行了实证研究，研究主要着眼于互联网在现代商业交易中的应用，分析了在交流中使用互联网的利弊，研究结果证明使用互联网与合作伙伴进行联系会产生较大的效益。

Jacxsens 等（2010）提出了一种基于仿真技术和风险评估的概念模型，应用此模型来解决新鲜农产品在流通过程中所面临的质量问题，模型的优势在于考虑了气候变换、消费模式改变等因素对新鲜农产品供应链的影响。

Rong 等（2011）研究了食品供应链在生产和销售过程中的质量问题，基于质量和成本建立了混合整数线性模型，以解决生产和销售决策等问题，并通过实例进行验证。

1.2.2 国内农产品供应链的研究现状

总体而言，国内就农产品供应链问题而展开研究的文献相对较少，我国学者对农产品供应链的研究仍属于起步阶段。国内涉及农产品供应链管理领域的研究始于 21 世纪初，研究的内容主要有以下几个方面。

1. 结合农业产业化和农产品特点而展开的研究

王凯和韩纪琴（2002）是较早对农业产业链管理与产业化经营等概念及关系进行理论探讨的，认为价值链管理、组织链管理、信息链管理和物流链管理不仅构成农产品产业链管理的主要内容，也是提高我国农业产业链管理水平的主要途径。张晟义和张卫东（2004）认为农业产业化是一种全新的经营机制，供应链管理则是一种创新管理模式，导入供应链管理有利于提升我国农业产业化的竞争力和绩效；他们认为生物自然再生产的不可控性、农业物流的复杂性和特殊性、涉农供应链组织基础的脆弱性等构成涉农供应链的内生不稳定性，提出以推进农业产业化经营、加强涉农供应链的不确定性管理、建立内外机制相结合的物流改善模式等措施提高其稳定性。王国才（2003）则系统分析了农业产业链与农产品供应链管理之间的内在联系，提出将供应链管理应用到农业产业链中可能面临的挑战。夏英和宋伯生（2001）在分析国外质量标准体系和供应链综合管理对食品安全保障作用后认为，我国应利用农产品供应链实施农业的综合管理，重点加强对食品质量的反馈与控制。

2. 农产品供应链模式的研究

谭涛和朱毅华（2004）从农产品供应链组织的动因出发，提出了我国两种主要农产品供应链组织模式和一个符合当前经济形势的有效性组织形式，并针对我国的农产品供应链组织模式提出了对策建议。凌宁波和朱风荣（2006）提出了电子商务环境下我国农产品供应链的运作模式，文章指出了传统的农产品供应链运作模式存在的问题和电子商务环境下农产品供应链模式的优势，通过对南京市淡水产品供应链的实证分析，证明了该模式的有效性和实用性，并提出了农产品供应链改造的参考意见。张学志和陈功玉（2009）研究了核心企业在农产品供应链中的重要地位，文章认为核心企业的建立对于农产品供应链的内部利益分配、合作伙伴的选择、供应链绩效评价、激励约束等问题的有效解决有很重要的作用，对于农产品供应链而言存在着以企业化的批发市场为核心、以产销一体化的农业集团为核心和以农产品配送中心为核心的供应链模式，分析了三种模式的优劣，建议根据自身的实际进行模式的选择。姜阳光和孙国华（2009）以构建绿色农产品供应链为目标，分析了我国农产品供应链的四种组织模式，并指出"公司+合作社+农户"是构建绿色农产品供应链的有效组织模式。胡定寰（2005）提出了"超市+农产品加工企业（农民合作组织）+农户"的新型供应链模式来解决不断增长的安全、优质农产品的市场和出口需求同大量分散的、无组织的小规模家庭生产的矛盾。

3. 对农产品供应链组织效率的研究

朱毅华和王凯（2004）建立了农产品供应链整合绩效假设模型，并经过实证研究证明了模型的合理性和可靠性。谭涛等（2007）在理论分析基础上实证研究了影响农产品供应链组织效率的因素及其影响程度，结果表明合作能力是影响农产品供应链组织效率的主要因素，而合作条件与合作意向又分别对农产品供应链合作能力产生影响，其中合作意向受供应链成员间信任与承诺的影响。曹艳媚等（2008）从市场规模、客户满意度、内部流程、物流能力、供应链集成度、可持续发展能力等方面分析了绩效评价指标的建立，并对农产品供应商和分销商的绩效进行了评价。

4. 农产品供应链整合方面的研究

沈翠珍和翟昊凌（2004）认为无论是产品多元化还是市场多元化，供应链整合对于多元化与企业绩效具有正向调节作用。朱毅华和王凯（2004）从物流的角度对供应链整合与绩效的关系进行了实证分析，以企业物流能力为中心构建农产品供应整合绩效假设模型，探讨供应链管理、农产品物流能力及企业竞争力的关系，并认为：内部整合促进企业物流能力提高，企业绩效与供应商绩效也有所提高；内部整合达到一定基础后才进行外部整合，内部整合与外部整合是相关联的。黄俊等（2006）在研究供应链整合战略对于多元化竞争战略实施效果影响的基础上提出：企业在实施多元化战略的同时如果实施供应链整合，能够更有效地通过产品及市场的多元化所积累的知识相互分享而产生经济外部性，从而提高多元化企业绩效。潘文安（2006）则以问卷调查为手段，探讨了供应链伙伴关系、供应链整合能力对合作绩效的影响，结论如下：供应链内部和外部整合能力对合作绩效的间接影响高于其直接影响，外部整合能力是企业利用伙伴关系提高合作绩效、形成竞争优势的关键。

5. 农产品供应链质量安全的研究

胡定寰（2005）提出了"超市+龙头企业+农户"的模式，来解决我国面临的农产品质量问题，并提出这种模式同时有利于解决分散无组织的小规模家庭生产和大批量需求的矛盾。兰萍（2008）利用协同管理理论，探讨了以超市为主导的安全农产品供应链系统的协同和管理的问题，建立模型，分析了安全农产品供应链的控制模式，并提出了安全农产品协同管理可能出现的问题及解决的对策。吕志轩（2008）分析了农产品供应链中组织形式背后的"约束条件"及供应链组织形式与农产品质量安全水平之间的关系，进一步通过对浙江省临海市上盘镇西兰花专业合作社的研究发现，没有严格的市场检测就没有一体化的组织，也就没有质量安全，因此得出我国农产品质量安全管理工作的重点应放在积极引导分散的小农户自愿形成一体化的组织上。戴化勇（2008）认为随着人们对农产品质量安全管理日益重视，有必要在农产品供应链框架下研究农产品质量安全管理，他以农产品供应链管理和质量安全控制效率作为分析对象，建立了结构方程模型，探讨在供应链框架下的合作关系、供应链管理行为、农产品质量安全控制行为及安全管理效率之间的相互关系，并提出了相应的对策建议。

6. 农产品供应链信息化建设研究

王宁和黄立平（2005）提出了基于信息网络的农产品供应链运作参考（supply-chain operations reference，SCOR）模型，构建了信息网络环境下农产品物流供应链模式，阐述了该模式的优势，并通过上海市淡水产品供应链物流关系模式进行了实证分析，证明了该模式的有效性和实用性。张敏（2007）论述了信息化建设在农产品供应链中的重要作用，提出应构建适合的模式来保证农产品信息链的畅通。易法敏和夏炯（2007）通过实证研究，依托网络信息技术，对物流、决策流、资金流进行有效的协调控制，并通过流程优化和系统集成使得企业间资源和信息实行共享、整体资源得到优化、供应链成员间产生新的利润空间。魏来和陈宏（2007）分析了制约农产品电子商务平台的因素，根据绿色农产品供应链的特点，从上游协会、中游农业综合企业和下游超市分别探讨了电子商务平台给整个绿色农产品供应链垂直协作体系带来的显著影响。

7. 超市与消费者及超市与供应商关系等研究

黄祖辉等（2004）、胡定寰（2005）及李春成等（2005）均分别基于对北京、杭州和武汉等地消费者的调研得出：质量、价格和收入等是影响消费者到超市或集市（农贸市场）消费的主要决定因素；胡定寰（2005）和黄祖辉等（2005）还从生鲜农产品超市经营与农产品供应链管理等角度分析了我国农产品供应链管理的发展现状与条件。韩旭（2006）则在分析超市发展对我国农业与食品安全影响的基础上，对超市生鲜农产品采购体系及其供应商进行了分析，指出限制供应商进入超市的主要因素和超市在生鲜农产品经营中面临的问题。

8. 针对不同类别农产品供应链的全面研究

陈超（2004）对猪肉行业供应链管理问题进行了研究；张晟义和强始学（2002）对我国乳业供应链的竞争动因做了分析。刘瑞涵（2008）以北京市为例研究了鲜果供应链的模式，并认为农业行业协会和农民合作组织将成为水果供应链的重要节点乃至核心成员，且由于消费者价值诉求和利益偏好的不同，将会分化成"核心利益型"和"文化与社会型"两个子市场。

9. 农产品供应链协调问题研究

白世贞和姜丽华（2008）将期权契约应用于农产品供应链中，研究了契约的价值；但斌和陈军（2008）从变质库存的角度对农产品基于价值损耗和实体损耗的供应链进行了协调研究，协调策略为改变订货周期；赵霞和吴方卫（2009）研究了随机产出和随机需求背景下基于收益共享合同的农产品供应链协调问题，在不考虑残值和缺货损失的前提下，收益共享合同能够实现供应链协调；林略等

（2010）在考虑损耗和新鲜度的前提下引入库存因子，研究了收益共享合同协调三级供应链的问题，研究结果表明收益共享合同能够实现供应链的协调。张春勋等（2009）将广义纳什谈判解（generalized Nash bargaining solution，GNBS）和正式固定价格契约引入企业和农户的二级供应链关系契约中，研究结论表明：GNBS 作为解决争议极值的前提，关系契约自我实施的条件与农产品的专用性、农产品的价值及双方对剩余分配的比例有关，在一定条件下，正式固定价格契约能够强化关系契约的自我实施。

10. 其他的一些研究

庞胜明等（2005）探讨了时效农产品物流供应链的设计与优化问题。王宁和黄立平（2005）结合农产品物流特征及其供应链管理现状，提出了基于信息网络的农产品供应链物流管理模式。郭丽华和张明玉（2006）对农产品供应链从利润分配机制出发探讨了节点企业及整个供应链的有效配置等问题。赵晓飞和李崇光（2008）建立了基于非对称信息下供应链联盟利益分配模型，研究了基于修正 Shapley 值法的农产品供应链联盟利益分配策略，提出了供应链联盟保持稳定发展的几点建议和启示。冷志杰和唐焕文（2005）建立了供应链四维网络模型，提出了改进供应链的分析原则，并以黑龙江水稻供应链为实证研究对象，总结了建立大宗农产品有效供应链的主要约束，结论表明分布式协作管理供应链、以质量安全标准集成供应链是有效的管理方法。

1.3 农产品供应链的研究意义

广西地处我国西南部，根据 2017 年度土地利用变更调查结果，全区拥有耕地面积 438.75 万公顷，农业在全区生产总值中占 15.54%。广西纬度低，隶属亚热带季风气候区，气候温暖，热量丰富，动植物资源非常丰富，优越的地理位置及其复杂多样的自然环境条件，使广西在生产亚热带水果、蔬菜、甘蔗、木薯、畜牧水产品等农产品方面有着得天独厚的条件。广西农产品主要有水稻、蔗糖、木薯、蔬菜、水果、油料等。目前，广西为了合理利用和保护农业资源，提高农业资源综合利用效率，优化农业生产结构，优质农产品生产正向优势区域集中，优质水稻集中在桂东南、桂北，包括桂平、平南、港北、港南等 13 个县（市、区）；蔗糖集中在桂中、桂西南等 22 个县；木薯主要集中在武鸣、邕宁、宾阳、横县等 28 个县（市、区）；桑葚集中在南宁、柳州、贵港、河池、来宾等生产区；桂南、桂北和桂西水果产量占全自治区的 72.3%；南宁、桂林、玉林、百色、贺州 5 市蔬菜产量占全自治区的 63%。

　　复杂而多变的市场环境和农产品本身所固有的特性使得其在经营和管理方面都面临很大的挑战，如生产周期长、销售期短、产品不易保存等。广西农产品经营主体种类多，合作模式多，呈现多态化，农产品供应链上成员各自有着不同的优化目标，这些个体优化目标与系统整体优化目标往往会存在冲突。因而，探索适合广西的农产品供应链协调机制及其管理模式，利用契约作为纽带将供应链成员结合在一起，以确保供应链中各节点成员在保证不减少自身利益的基础上使整个供应链效益最大，对于保障广西区域经济可持续发展具有重要的战略意义。本书课题研究成果，将直接为广西农产品经济的良性发展及政府有关部门的重要决策提供科学依据。

1.4　农产品供应链的研究内容

　　本书在总结国内外农产品供应链研究成果的基础上，着眼于广西农产品供应链的不足，剖析当前广西农产品供应链的运行现状和存在的主要问题，深入研究广西农产品供应链系统的稳定性，建立农产品协调策略模型，提出广西农产品供应链管理模式和发展对策。

　　全书共分为导论（第 1 章）、正文（第 2 章至第 8 章）以及后记三个部分。

　　第 1 章，介绍了农产品供应链的研究背景、研究现状、研究意义和研究内容。

　　第 2 章，采用逐步深入的方法，对供应链与供应链管理、农产品供应链、农产品供应链模式发展趋势、我国和发达国家农产品供应链特点等进行了详细的文献综述，提出了本书的研究方向。

　　第 3 章，在分析广西的区位优势、农业概况、农产品生产现状的基础上，研究广西农产品供应链流通特点和现行模式，分析广西农产品供应链存在的问题。

　　第 4 章，针对具有区间灰色特征的农产品供应链网络系统的波动性难题，建立农产品灰色多级排队供应链系统，研究该系统的稳定性测度方法。

　　第 5 章，以制造商主导型农产品供应链为研究对象，分析双渠道农产品供应链协调决策模型。引入双渠道价格敏感系数和竞争系数 2 个变量，分别建立双渠道农产品供应链集中决策、分散决策和协调决策的 3 种模型，研究双渠道农产品供应链的协调决策问题。

　　第 6 章，当前企业间的竞争已从单纯的价格竞争扩展到价格和服务质量共同竞争的状态，通过引入价格交叉系数和服务替代系数 2 个变量，建立农产品供应链在集中决策、分散决策和协调决策模型等不同情形的博弈均衡模型，分析零售商、制造商和供应链整体的各决策变量的变化状态。

第 7 章，考虑缺货损失和剩余残值的风险，在供求分布和特征参数已知的情况下，建立供应商回购零售商销售剩余的契约协调决策模型，深入研究农产品供应链系统的最优计划生产量和订货量等问题。

第 8 章，从电子商务和市场营销的角度，构建未来广西农产品供应链管理模式的目标模型，并提出了其发展对策。

2 农产品供应链相关理论基础

2.1 供应链管理的理论基础

2.1.1 供应链的概念

对于"什么是供应链"这一问题,许多学者从不同的角度出发给出了许多不同的定义,目前为止尚未形成统一的定义。早期的观点认为,供应链是制造企业中的一个内部过程,它是指把从企业外部采购的原材料和零部件,通过生产转换和销售等活动,再传递到零售商和用户的一个过程。

有些学者把供应链的概念与供应管理、采购相关联,但这种认识局限在企业与供应商之间,忽略了供应链与外部企业的联系,造成了供应链企业间的冲突。

后来的供应链的概念注意了与其他企业的联系,美国的史迪文斯(Stevens)认为:"通过增值过程和分销渠道控制从供应商的供应商到用户的用户的流就是供应链,它开始于供应的源点,结束于消费的终点。"伊文斯(Evens)认为:"供应链管理是通过前馈的信息流和反馈的物料流及信息流,将供应商、制造商、分销商、零售商,直到最终用户连成一个整体的链。"

近几年,对于供应链概念的研究,注重了核心企业的网链关系,如核心企业与供应商、供应商的供应商的关系。哈理森(Harrison)将供应链定义为:"供应链是执行采购原材料、将它们转换为中间产品和成品,并且将成品销售到用户的功能网。"菲利普(Phillip)和温德尔(Wendell)认为:通过在供应链中建立战略伙伴关系,与重要的供应商和用户更有效地开展工作。

在综合以上分析的基础上,本书研究认为:供应链是指围绕核心企业,通过对信息流、物流、资金流的控制,从采购原材料开始,制成中间产品及最终产品,最后由销售网络把产品送到消费者手中的将供应商、制造商、分销商、零售商,直到最终用户连成一个整体的网链结构和模式。

供应链是一个范围更广的企业结构模式,它从原材料的供应开始,经过链中不同企业的制造加工、组装、分销等过程直到最终用户。它不仅是一条联结供应商到用户的物料链、信息链和资金链,还是一条增值链,物料在供应链上因加工、包装、运输等过程而增加其价值,给相关企业带来收益。

2.1.2 供应链管理的基础理论

供应链随着供应链管理的发展而发展,供应链管理思想的发展极大地促进了供应链的发展,这也是越来越多发达国家的国际化企业在全球范围内建立供应链、众多发展中国家企业参与到供应链中的原因之一。供应链管理在世界经济中所发挥的作用和产生的影响日益增大。

1. 供应链管理的产生和发展

20世纪90年代以前,企业出于管理和控制上的目的,对与产品制造有关的活动和资源主要采取自行投资和兼并的"纵向一体化"模式,企业和为它提供材料或服务的单位是一种所有权的关系。"大而全""小而全"的思维方式使许多制造企业拥有从材料生产、到成品制造、运输和销售的所有设备及组织机构。甚至很多大型的企业拥有医院、学校等单位,但是,面对高科技迅速发展、全球竞争日益激烈、顾客需求不断变化的趋势,纵向发展会增加企业的投资负担,迫使企业从事并不擅长的业务活动,而且企业也会面临更大的行业风险。进入20世纪90年代以后,越来越多的企业认识到了"纵向一体化"的弊端,为了节约投资,提高资源的利用率,转而把企业主营业务以外的业务外包出去。自身则采取集中发展主营业务的"横向一体化"战略。原有企业和为它提供材料或服务的企业就形成了一种平等的合作关系。

在这种形式下,对同一产业链上企业之间的合作水平、信息沟通、物流速度、售后服务及技术支持提出了更高的要求,供应链管理就是适应这一形式产生和发展起来的。

供应链管理近年来逐渐成为企业界重要的策略性议题,供应链管理通过上下游厂商、信息共享促使供应链体系运作效率化,进而建立起整体之竞争优势,达成"共赢"之局面,所以供应链管理可为企业创造诸多效益:①降低供应链之不确定性。对买方而言,可降低如成本、数量折扣、品质、时间等因素的不确定性;对卖方而言,可降低市场、顾客需求的不确定性;对双方而言,可汇聚双方目标及共识,降低外部环境的影响及投机性。②节省成本。包括达到订购、生产及运输的经济规模,管理成本的降低,技术与实务流程上的整合与资产利用率的提升。③合作开发产品及流程。整合买卖双方,使双方信息得以共享,进而促使双方得以共同合作开发更适合消费者之产品。④沟通的改进。由于供应链管理将供应链环节予以透明化，有助于双方沟通与了解。⑤分享的风险及报酬。供应链整合买卖双方，宛如一个"供应共同体"，所以可一起分享销售成果，也可承担营运上相关的风险。

如今，经济一体化和竞争全球化使现代经济领域中的竞争由单个企业扩展到供应链之间。供应链管理不只是一个企业内部的管理问题，它是上下游企业的全局问题。上下游企业之间形成相对紧密的供应关系，已经成为越来越多的企业应对日趋激烈的市场竞争的有效手段。

2. 供应链管理的概念

对于供应链管理（supply chain management，SCM）有许多不同的定义，如有效用户反应、快速反应、虚拟物流或连续补充等。供应链管理源于迈克·波特 1980 年发表的《竞争优势》一书中提出的"价值链"（value chain）概念。其后，供应链管理的概念、基本思想和相关理论在美国开始迅速发展。到 20 世纪 90 年代初，关于供应链管理的文献大量出现，SCM 相关的学术组织也开始涌现，目前为止，比较公认的关于供应链管理的几个定义如下。

美国 Willian C. Copacino 将供应链管理定义为"对原材料和产品从开始到终端用户整个流程的管理艺术"。管理科学目前为止将主要的注意力放在业务流程内各个环节的改进上，但是供应链管理强调的是将注意力放在从物料供应一直到产品交付的整个业务流程的流动和相互连接上。

1996 年成立于美国的供应链协会将供应链管理定义为"从供应商的供应商，到顾客的顾客的一切努力"。该定义进一步描述了供应链管理的 4 个基本流程：计划、采购、制造和配送，表明供应链管理是一种跨企业、跨企业多种职能、多个部门的管理活动。

日本经营学杂志《日经情报》在其"供应链革命"特集中，将供应链管理定义为"跨越企业组织的边界，作为一个完整的流程共享经营资源和信息，以整体优化为目标，彻底消除流程中浪费的管理技术"。它强调供应链是由多个企业组成的，因此为了达到供应链整体优化的目标，多个企业必须共享资源，这首先就需要多个企业建立合作关系。这个定义从某种意义上来说，反映了日本式供应链管理的突出特点。

日本的学术团体供应链管理研究会认为以上诸定义都忽略了一个重要的视角——顾客。他们从顾客的角度出发，提出了自己的供应链管理定义："将整个供应链上各个环节的业务看作一个完整的、集成的流程，以抬高产品和服务的顾客价值为目标，跨越企业边界所使用的流程整体优化的管理方法的总称。"

综合上述各定义的特点，可将供应链管理的概念概括如下：供应链由原材料零部件供应商、生产商、批发经销商、用户、运输商等一系列节点成员组成。原材料零部件依次通过"链"中的每个企业，逐步变成产品，产品再通过一系列流通配送环节，交到最终用户手中，这一系列的活动就构成了一个完整供应链的全部活动。供应链管理的思想，是要把整条"链"看作一个集成组织，把"链"上的各个企业都看作合作伙伴，对整条"链"进行集成管理。供应链管理主要通过"链"上各企业间的合作和分工，优化整个"链"上物流、商流（链上各个企业之间的关系形态）、资金流和信息流，从而提高整条"链"的竞争能力。

供应链管理从其产生到发展经历了若干阶段。在物料采购领域，随着供应双方在信息、技术、资金、人员等方面有了更多的交流，供应链从采购管理发展到了供应链管理；在流通配送领域，以消费者的需求为出发点，以此来制订生产计划，进行供应链上的生产管理、库存管理和采购管理，形成了有效用户反应、快速反应等思想。

同时，供应链管理理论还吸收了以色列物理学家 E. M. Goldratt 提出的约束理论（theory of constraints，TOC），即一个系统的产出速度和产出量取决于系统的瓶颈环节，管理的目标应该放在寻找并消除这样的瓶颈环节上，致力于其他环节的改进对于企业的整体产出无多大意义。也就是说，系统的整体产出取决于链条的强度，只要有一个环节薄弱（瓶颈环节），整个链条就是薄弱的。Goldratt 还进一步提出了具体的寻找和消除瓶颈的方法。

综合以上分析可知，供应链管理是一种集成化、系统化的管理方式，它从全局的角度通过合作伙伴间的密切合作对供应链上的物流、信息流、资金流及知识流进行控制和调度，以最小的成本和费用产生最大的价值和最佳的服务。良好的供应链管理可以大幅降低链上企业之间的交易成本，实现整条供应链利润最大化。供应链流程管理的目标如下：①通过企业间的信息与流程连接，提高交互效率和柔性；②通过跨组织知识共享，利用丰富的知识和智力资源，促进技术创新；③通过网络化的电子市场降低原材料采购成本、交易成本，最终形成具有卓越价值传递能力的价值链系统，提高客户的满意度。

3. 供应链管理的主要内容

要实施企业供应链管理，应该首先弄清楚供应链管理的主要内容。关于这方面，很多学者根据各自的兴趣和理解分别提出了相应的观点。我国著名的供应链学者马士华教授认为供应链管理主要涉及供应、生产计划、传统物流和需求四个领域，如图 2.1 所示。供应链管理还包括供应链产品的需求预测和计划、战略性供应商和客户合作伙伴关系管理、供应链设计（生产设计、分销系统与能力设计、管理信息系统和物流系统设计等）、企业内部和企业之间的物料供应与需求管理、企业间资金管理、基于供应链的客户服务和基于 Internet/Intranet

的供应链交互信息管理。

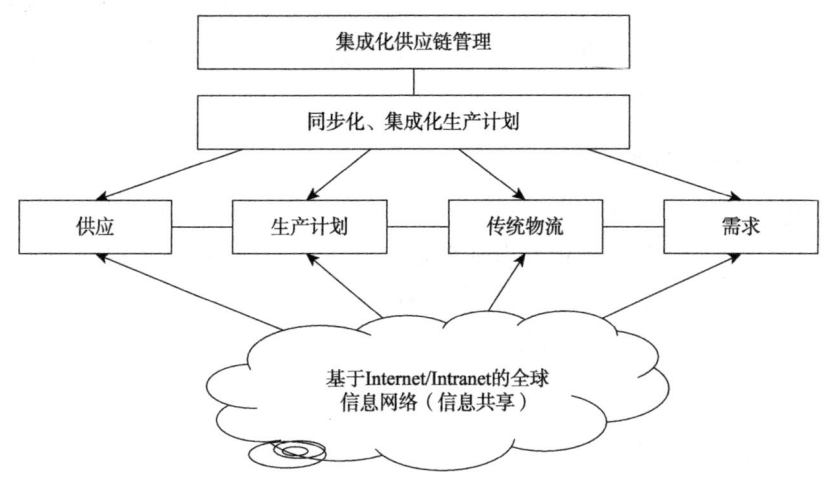

图 2.1 供应链管理涉及的领域

由图 2.1 可见，供应链管理是以同步化、集成化生产计划为指导，以各种技术为支撑，围绕传统物流、生产计划、供应、需求来实施的。供应链管理关心的不仅仅是物料实体在供应链中的流动，还包括以下几个方面的主要内容：①供应链管理策略的制定（不同行业、不同类型要求采用不同的供应链管理策略）；②推动式（push）或拉动式（pull）供应链运作方式的确定（不同企业有不同的管理文化，企业应选择适合于自己实际情况的运作方式）；③供应链的设计；④战略性合作伙伴关系管理；⑤产品需求预测和计划；⑥供应链的客户服务和物流；⑦基于供应链管理的产品设计与制造管理；⑧供应链管理环境下的绩效测量与评价；⑨基于 Internet/Intranet 的供应链运作的信息平台及信息管理等。

2.1.3 供应链管理与传统管理的比较

供应链管理与传统管理的比较表现在以下几个方面。

1. 从功能上向过程管理的转变

传统管理是企业组织按纵向设计的，也就是说，企业的组织是围绕生产、营销、销售和配送功能，每个功能都有相应的任务，这是一种已经被广泛应用的组织形式，这种方法存在的问题是过于集中于内部资源的使用，而不是集中于产品价值的创造。传统管理供应链中的采购、制造、营销、配送等功能分割开来而独立运作，并且这些功能都具有相应独立的目标和计划，目标和计划间经常相互冲突。供应链管理是达成一种协调一致的机制，将水平方向上的组织结构进行连接、协调与合作，实现企业内部向过程管理的过渡，同时在企业外部，同样管理供应链上游、下游的各个合作伙伴的业务。

2. 从利润管理向营利性管理转变

传统管理将利润作为企业管理的重心，而现代管理认为，利润只是一个绝对指标，用绝对指标衡量企业的经营业绩是没有可比性的，应该用相对指标来衡量企业的经营业绩，营利性就是一个相对指标。所以，强调进行营利性管理是建立在"双赢/多赢"基础上的，只有供应链各方均具有较好的营利性，企业滋生的营利性才有可能得到保障。

3. 从产品管理向客户管理转变

产品和客户都是供应链上重要的环节。传统管理的市场特征是卖方市场，是以产品管理作为重点的，而现在是买方市场，是客户而不是产品主导企业的生产和销售活动，因此客户是核心。客户是主要的市场驱动力，所以客户的需求、客户的购买行为、客户的意见等都是企业谋求竞争优势所必须争夺的重要资源。在买方市场上，供应链的中心是由生产者向消费者倾斜，客户是供应链上更为重要的一环，客户管理成为供应链管理的重要内容。

4. 从交易管理向关系管理转变

传统管理企业之间的关系是交易和竞争对手关系，所考虑的主要是眼前的既得利益，因此不可避免地出现为了自身利益而牺牲他人利益的情况，现代供应链管理理论指出的途径是，协调供应链成员之间的关系，同时增加供应链各方的利益。

5. 从库存管理向信息管理转变

大型的生产系统日趋复杂，其复杂程度可从其复杂的产品物流看到。不同的供应商以其不同的方式将原材料、零部件送到生产现场，经过复杂的生产过程生产出各种零部件和最终产品，再将零部件和最终产品送至客户。原材料经过运输、生产、再运输、再生产，最后成为成品，并送到客户手中。企业的库存存在着矛盾：一方面库存是提高服务水平和顾客满意度的财富，必须拥有；另一方面库存又是成本和累赘，必须尽可能摆脱。现代供应链管理用信息代替库存，使企业持有"虚拟库存"而不是实物库存，只有供应链的最后一个环节才交付实物库存，这样大大降低了企业持有存货的风险。因此，用及时、准时的信息代替实物库存就成为供应链理论的重要观点。

2.2 农产品供应链

2.2.1 农产品供应链简介

农产品供应链，是指为了满足用户需求、实现农产品价值而进行的农产品物质实体及相关信息从生产者到消费者之间的物理性经济活动。具体地说，它包括农产品生产、收购、运输、储存、装卸、搬运、包装、配送、流通加工、分销、信息活动等一系列环节，并且在这一过程中实现了农产品价值增值和组织目标。农产品供应链也是一个包含存储、加工、包装、运输、销售及伴随信息收集与管理等一系列环节的系统。一般来说，农产品供应链主要是指产后农产品的采集、加工和流转过程。

农产品供应链是一个系统工程。它将农产品收购、批发、零售到消费之前的各个环节集成一个系统，强调系统的协调性和环节间的配套服务，构成一个有机的整体。一般而言，按照供应链功能的不同，农产品供应链系统可分为供应链作业系统和供应链信息系统两大系统：一方面，供应链作业系统主要包括农产品的运输、储存、装卸、搬运、包装、配送、流通加工等作业，在作业中需要结合农产品的生化特性使用种种先进技能和技术，力求农产品在供应链过程中保值增值，并使农业生产据点、物流据点、农产品配送路线、运输手段等网络化，以提高物流活动的效率。另一方面，物流信息系统是整个物流系统的神经系统和指挥系统，在现代物流业中发挥着重要的作用。物流信息系统包括订货、收货、库存管理、配送、发货等信息子系统，力求完成农产品物流全过程的信息交流活动。先进的物流信息系统既是提高整个物流系统运行效率的基础条件，也是物流作业子系统之间衔接和配合的桥梁与纽带。

1. 农产品供应链的特点

农产品供应链的特点是由农产品的特性所决定的，由于我国农产品本身具有以上的特点，决定了我国农产品供应链具有以下特点。

（1）农产品供应链数量大、品种多。我国的农产品品种繁多，不管是产量之大还是品种之多在世界上都名列前茅。这些农产品除小部分供农民自用以外，大都成为商品进入流通领域，形成巨大的农产品供应链物流体系。

（2）农产品供应链难度大。主要是因为农产品是有生命的动物性和植物性产品，为了保证农产品在采摘后至到达消费者手中的品质保证，就必须注意在供应链过程中要重包装、装卸、运输、仓储等问题，但同时也要注意供应链的成本问题，供应链成本过高，势必会导致农产品价格的上升，因而农产品供应链的难度比工业产品的难度要大得多。

（3）农产品供应链要求高。主要体现在：对农产品供应链过程中的储存、保鲜、加工等环节提出很高的技术要求。例如，大部分农产品具有易腐性，在流通过程中需要采取各种措施以达到保鲜的目的，这些都需要专门的知识和相应的设备；许多农产品在物流过程中都极易腐烂变质、污染环境，所以农产品供应链特别要求绿色物流；某些农产品在物流过程中还有一些特殊的要求需要满足，如粮食的散装运输、水产品的冷冻运输、分割肉的冷藏运输、牛奶等制品的恒温运输等；农产品物流必须及时、快速、高效。

（4）加工增值服务是农产品供应链的重要内容。流通加工是农产品供应链的关键环节，是减少农产品损失，延长其保存期限，提高农产品附加值，使农产品资源得以充分利用的重要途径。因而如何在流通过程中进行加工增值服务也是很重要的。

2. 农产品供应链的作用

农产品供应链为了完成农产品从生产环节到消费环节的流转，从以下三个方面发挥重要作用。

（1）农产品供应链可以形成空间效应，有效地解决农产品从生产到消费的空间差异。气候与地理条件不同，其适合生产的农产品种类必然有限，因而大部分农产品的生产地和消费地不一致。特别是近年来各国各地特色农业的发展，这就必然产生生产与消费空间的差异，农产品供应链可以起到异地调节的作用，平衡这一差异。

（2）农产品供应链可以形成时间效应，有效地解决农产品从生产到消费的时间差异。由于农作物的特殊自然属性，农产品的生产存在季节性。而农产品是生活必需品，其消费是常年性的，这就形成了时间上的差异。虽然随着科技的发展，已经出现许多反季农产品，但是数量有限，难以满足消费需求。农产品供应链可以通过保鲜技术和仓储活动解决平衡差异，达到供求平衡。

（3）农产品供应链可以形成所有权转移，实现农产品价值，即实现农业生产者劳动价值。农产品是动物性、植物性产品，容易腐败变质。因此，许多农产品必须通过加工处理，才能达到消费者的需求。农产品供应链通过保鲜、加工等一系列的活动，将农产品按消费者的需求送达市场，使其所有权从生产者转移到消费者手中，满足了生产者和消费者双方的需要。

正因为农产品供应链的上述作用，在我国发展农产品供应链具有重要的意义。

3. 发展农产品物流的意义

（1）能够提高农产品流通速度，降低物流成本。大多数农产品对时间、新鲜程度的要求很高，发展农产品现代物流，减少流通环节，能够充分运用专业化、现代化的工具将农产品迅速及时地运往消费地，提高农产品流通速度，降低农产品积压在产地所占据的成本，同时通过大规模的作业降低作业成本，减少多次装卸搬运所产生的产品破损，从而有效地降低物流成本。

（2）提升农产品价值。农产品本身的价值不高，但是可以通过发展专业的第三方农业物流组织，为农产品提供专业的物流增值服务，来发掘农产品的内在价值。

（3）发展物流产业和降低物流成本，大大提高农户的收入。农户自产自销，不仅成本高，而且由于不了解市场状况，往往失利。我们可以通过改善农产品物流的模式来增加农民收入。

（4）提高国际竞争力。加入世界贸易组织（World Trade Organization，WTO）后，我国的物流企业与国际大型物流企业之间的竞争越来越激烈，农产品物流自然也是其竞争的一个重要领域。为此，加快实现我国的农产品由传统物流向现代物流转变，也是适应国际竞争的需要。

2.2.2 农产品供应链主体

1. 农村专业合作经济组织

发达国家已有的经验表明，农村专业合作经济组织在农业发展过程中，尤其是在农产品供应链中发挥着重要的作用。现存的农村专业合作经济组织的形式、种类较多，因而目前还没有一个完全统一的定义，在此结合多位学者的研究成果，将之概括为：在个体农户自愿的基础上，按照一定的方式结合在一起，具有地域性的某种功能性组织。

国家农村专业合作经济组织的雏形最早出现在 20 世纪 30 年代，中华人民共和国成立以后农村专业合作经济组织的形式主要有生产合作社、消费合作社等，但是由于当时我国的体制问题，这些机构都不可避免地发展成为国营机构，在经济体制没有改变之前，这些机构实际上并没有起到合作经济组织的重要作用。在我国的农村经济体制发生变革后，我国农村最微观的经济主体——农民，越来越深入地加入市场体系中。当代我国农民的生产形式虽然还是传统农业社会的家庭小规模生产方式，但是它面对的是一个社会化的大市场，特别是我国加入 WTO 以来，我国农民参与的竞争就不仅仅是国内的竞争，还包括全球化的竞争。农民所面对的这种状况就是"小生产"和"大市场"之间的矛盾。

从完善农产品供应链功能的角度来看，农村专业合作经济组织的功能主要体现在以下几个方面。

（1）解决农民生产和销售农产品的过程中存在的市场需求信息缺失的问题。

传统自给自足型的农民生产的农产品多数都是自己消费，只有少数才参与到市场流通中，农民的生活基本上不受买卖收入的影响，但是在现代市场化的条件下，农民生产的农产品只有一小部分来满足自身生活的需要，大部分产品要参与到市场买卖中，大部分农民的生活要靠这些产品卖出去所交换而得的货币来生存。

农民作为一个独立的个体有权决定自己生产什么、生产多少，但是由于市场信息的不完全和不对称性，也由于农民本身获取信息的渠道有限，从事市场交易的专业知识有限，他们并不能确切知道市场需求什么，需求量是多大。实际中大部分农民生产的品种和数量主要是依据以往的经验，或者仿效其他农民，或者是由当地政府来主导。这样的生产决策是简单的、不费力的，但是这样的决策方式缺乏对未来市场状态的预测，可能会出现"盲从"的风险。一般来说，农产品生产的周期比较长，因而农产品市场会出现这样的现象：某类农产品在市场上数量较少、价格较高，这就会诱使散户的农民纷纷加入这种农产品生产的行列，那么到了下一季，这种农产品会由于数量较多导致价格下跌，多数散户农民就会被"套牢"，这时农民就会压缩生产规模、降低产量，这样又导致再下一季农产品产量少、价格高，散户农民的生产活动与市场需求总是不合拍的，因而农产品"丰产却歉收"的现象时有发生。在农民生产销售过程中存在这种现象主要是由于单一散户农民获取信息的渠道有限，参与市场竞争的力量薄弱，这就需要一个具备收集信息、分析信息并能够在此基础上给农民提供比较准确的决策、指导农民生产和销售的机构。

（2）解决农民销售过程中存在的储藏困难、运输困难的问题。

大部分农产品具有鲜活易腐、不易存储的特性，然而多数农民本身不具备存储农产品的条件和能力。农产品保鲜大都需要冷藏保存，而自行修建冷藏库对于散户农民来说是不可能的，同时租用冷藏库会付出昂贵的代价，这对于农民来说是承受不起的。举例来说，我国某地农民生产枣类农作物，成熟后如果销售不出去，通常就储存在自家修建的地窖中，在地窖中可以储存一段时间，如果销路不畅，储存的时间过长，大部分枣就会腐烂。同时在这个村里，也有一部分农民种植杏，相比之下杏从新鲜到腐烂的时间间隔会更短，因而在销路不畅的情况下，大部分杏会以极低的价格出售，甚至腐烂，这极大地挫伤了农民生产的积极性。因而储存难是农民常常会面临的问题。

同时，农民还面临着运输难的问题。首先，从事农产品运输需要具备一定的专业知识和运输网络，单个农户不可能具备以上的条件。再加上要想降低农产品物流的成本就需要达到一定的规模，而单个农户的生产显然不能达到必要的规模。其次，单个农户在与物流企业谈判时处于一种弱势的地位，谈判能力低、交易成本高，造成了主体规模的不对称性。那么，必须要产生一种能和物流企业规模对等的组织。这也是促使农村专业合作经济组织产生的原因。

（3）提供配套服务。

农民生产专业化后，存在能够与之对应的社会服务脱节的问题。社会化分工越来越细致，因而农民的生产越来越专业化，这就需要社会化的服务来与之配套。从发达国家的农业发展来看，随着农业生产的专业化程度越来越高，很多在原始农业生产中不加区分的职能，逐渐从中剥离出来，形成了一个服务于农业生产的广泛的社会化服务网络，包括农产品的加工、保管、装卸、搬运及包装等。

农业生产是社会化服务业存在的根源，而社会化的服务网络是农业生产能够顺利进行的有力保障，二者相辅相成，不可分割。而农村专业合作经济组织正是这种社会化服务网络的构成者之一。

（4）为单个农户生产提供保障。

单个农户进行生产和销售时存在投入成本过高，导致收入降低。单个农户进行运输时除了上述说到的与运输企业谈判时处于一种弱势地位，还可能会由于产品产量没有达到一定的规模而使运输成本上升，对于农民来说获利的空间就被进一步挤压了。在农产品生产的整个过程中，以蔬菜类农产品为例，农民在产前要进行基本生产资料包括种子、生产器具方面的投入，在生产中要进行电力（浇水等）、化肥、农药等方面的投入，在产后要进行运输、粗加工方面的投入，这些投入中任何一项过高都会导致收入下降，投入和产出不成正比。如果将单个农户的力量集中起来，形成一种规模化的生产和销售，那么分摊到每个农民身上的成本就会降低。

此外，集体性的行为可以降低农民购买假冒伪劣生产资料的风险，可以在集体内部和集体之间进行技术上的沟通，有利于农民获得新技术、新知识，拓展农民的眼界，提高农民的素质。

总之，在现代社会中，农民的生产越来越专业化，单个农户对市场的判断能力、技术和经济能力都是非常有限的，难以抵御在市场竞争中遭遇的各种不确定的风险，如果将农民的力量结合起来，形成组织，就可以扩展单个农户的力量，这就是"1+1>2"。

2. 农产品加工企业

农产品的贮藏、保鲜和加工是降低农产品的产后损失、增加农产品的附加值、提高农产品市场竞争力的有效措施。农产品加工业的发展在一定程度上反映了一个国家的科学技术水平与富裕程度。世界上许多发达国家都把农产品的贮藏、保鲜和加工放在农业产业的首要位置，非常重视农产品加工及其深度。随着市场经济的发展，农产品的深度加工和综合利用就显得越来越重要，这是我国经济发展的客观要求和必然趋势。在科技进步的基础上，开发农产品及其加工副品，有利于提高农产品的利用率，增加农户收入。

由于农产品加工业在现代农业发展中的重要地位和独特作用，我国领导人高度重视农产品加工业的发展。2005年中央一号文件指出："以发展农产品加工业为突破口，走新型工业化道路，促进农业增效、农民增收和地区经济发展。"[①]2007年在农产品加工业高峰论坛上，国家农业部领导认为："如何将这些重大战略决策落实到实处，我们认为发展农产品加工业是一个牵动全局的重要环节。建设新农村需要农产品加工业为其夯实产业支撑。构建和谐社会需要发挥农产品加工业联接工农、沟通城乡、衔接产销的天然纽带和利益传导作用，为促进经济协调发展和社会和谐稳定做出应有贡献。建设现代农业，需要现代农产品加工业作为核心环节带动现代种养业和现代农产品市场流通业的发展，带动现代农业产业体系的建设。"[②]

我国农业发展从最初追求农产品的数量增长，到追求农产品的数量与质量，一直发展到如今的重视农产品的产后加工，转变农业的增长方式，丰富农业产业的内涵和外延的现代化农业的建设阶段。农产品加工业发展在农产品供应链中所起到的重要作用表现在以下几个方面。

（1）拓宽了农民的增收渠道，增加了农民的就业机会。有学者对农产品加工业对农业增长的贡献率做了研究，结果显示，农产品加工业可以实现农产品的多级增值，不仅可以使农民获得农产品的直接销售收入，还可以让农民获得加工与流通环节的利益。同时，农产品加工业的发展使得农村的富余劳动力得以转移，农民家庭的收入不仅包括农产品销售收入，还可能包括工资性的收入。

（2）发展农产品加工业是实现农业"转变、拓展、提升"的重要载体。目前我国农产品加工业的发展方向由"工业依附型"向"市场主导型"转变，即农民生产以加工企业的加工量为主，加工企业的加工量以市场销售量为主，这种"反馈式"的新的发展格局，降低了农民生产的风险，从而使得农产品加工业成为沟通农户和市场的桥梁。

（3）发展农产品加工业是加快新农村建设和农村城镇化的重要途径。我国新农村建设的核心是农村的发展和农民生活的富裕，要想实现这个目标必须以

---

① 2005年中央一号文件 中共中央 国务院关于进一步加强农村工作提高农业综合生产能力若干政策的意见. http://www.gov.cn/test/2006-02/22/content_207406.htm.2004-12-31.

② 我国农产品加工业发展的背景、趋势和对策——农业部农产品加工局副局长卢永军在农产品加工业高峰论坛上的讲话[J]. 农业工程技术·农产品加工业, 2007, (10)：9-12.

农村和农业资源为依托，改变传统单一的种植业生产方式，大力发展以农产品加工业为重点的农村二、三产业，挖掘农村经济的潜力，形成"农工商"的循环发展模式。

由于农产品加工企业在未来农村经济发展中的重要作用，发展农产品加工企业已经成为一种必然的趋势，因而农产品加工企业也必将成为农产品供应链中的重要节点。

3. 农业产业化龙头企业

农业产业化龙头企业实际上是对从事与农产品相关业务的企业在某些方面的一种资格认定。我们可以对农产品龙头企业的概念进行如下的界定：农产品龙头企业是指以农产品的生产、加工和流通为主的，资产、加工流通收入、产品质量及其他的一些方面达到一定规定指标的、能够在区域内起到一定带动作用的企业。农产品龙头企业以加工和流通为主业，通过各种利益联结机制同农户连接起来，带动农户进入市场，使农产品的生产、加工和销售有机地结合起来并且相互促进。

近些年，国家越来越重视龙头企业在农业产业化进程中的作用，同时也加大了扶植的力度，在各个方面都给予优惠政策。2001年，我国首批认证了151家国家级农业产业化重点龙头企业，第二批又认定了235家，同时取消了第一批中14家不合标准的企业，截至2016年，国家共有1 131家农业产业化国家重点龙头企业监测合格，其他因达不到规定标准和要求、监测不合格的企业，不再享有农业产业化国家重点龙头企业资格。发展农业产业化龙头企业，有助于发展农业产业化经营，有利于提高农业效益，增强农业竞争力，有利于推进城乡一体化进程，有利于推进农业现代化，农业产业化龙头企业的发展更多地关系到农业增效、农民增收和农村稳定。

"十三五"时期是全面建成小康社会决胜阶段，为农业产业化发展带来了难得的机遇和严峻的挑战。农业产业化是现代农业发展的方向，对推进农业供给侧结构性改革、加快转变农业发展方式、保持农业稳定发展和农民持续增收具有重要作用。农业产业化龙头企业是现代农业经营体系中最有活力、最具创新能力的经营主体，是推进农业产业化经营的关键，是促进农村一二三产业融合的引领力量。农业产业化龙头企业要不忘初心、继续前进，建立更加紧密的联农带农机制，参与农业产业精准扶贫，进一步增加农民收入；加快自身转型升级，推动农业科技创新，进一步提升农业现代化水平；培育农村新产业、新业态，推进产业链和价值链建设，进一步领军农村产业融合发展。

农业产业化龙头企业的兴起为农产品供应链提供了新的模式，以龙大食品集团为例，考察农业产业化龙头企业在农产品供应链中的作用。龙大食品集团是山东省重点企业集团、农业产业化国家重点龙头企业,全国重要的速冻食品生产出口基地。主体工业园区占地面积52万平方米,建筑面积40万平方米,总资产17亿元。企业经营项目涉及食品加工,蔬菜基地种植,种猪繁育、养殖,木器加工,包装制造等多种产业。其中食品加工业为核心产业,主要为系列精加工农产品,包括保鲜果蔬、冷冻蔬菜、调理食品、真空冷冻干燥制品、水产品、油制品、肉类食品、调味品等,共八大类500多个品种,70%以上产品出口日、韩、美、德等20多个国家和地区。龙大食品集团积极引进先进设备,先后投巨资兴建了国内一流的大型全封闭无菌加工工厂并建有总容量达4万多吨的恒温库、低温库和气调库;建立了胶东地区最大的种猪繁育,生猪养殖、屠宰,肉类制品加工基地,引进了目前世界上最先进的屠宰、分割流水线和肉食加工设备;兴建了目前国内规模最大、标准最高的调理食品加工厂和国内最先进的水产品专业加工厂。龙大食品集团先后从日本、新加坡、马来西亚等地引进了牛蒡、秋葵、荷兰豆等30多个蔬菜新品种,并全部成功地进行了繁育推广,既更新了当地蔬菜品种结构,更为进军国际市场提供了有力的原料保障。以秋葵为例,龙大食品集团所处当地人民从不食用秋葵,但是秋葵在日本是一道珍馐,龙大食品集团引进秋葵种子,并与当地的农民联合,像莱阳附近的农户大部分都为龙大食品集团种植作物。为了保证种子的质量,龙大食品集团派遣农艺专家定期来检查,全程控制农户的生产过程,如果农户违反了生产合约,合同就会被终止。龙大食品集团的发展模式吸纳了大量的农村剩余劳动力,公司配套从事种植、养殖、加工、运输等方面的劳动力,总数达到40万人以上。与龙大食品集团合作使农民受益,农民的收入成倍增长。公司以蔬菜加工出口为链条,形成了"龙头企业+基地+农户"的模式。

农业产业化龙头企业在信息获得方面具有优势,因而可以引导农户生产,并且能够使得产出农产品在质量方面得到保证,很好地发挥农产品生产者和农产品消费者之间的桥梁作用。

4. 农产品批发市场

农产品批发市场的概念最早产生于日本,我国的农产品批发市场产生于20世纪80年代,在国家取消农副产品的统购统销制度后,我国成立了第一家蔬菜批发市场。目前对于农产品批发市场的定义主要有狭义和广义之分,狭义农产品批发市场是指进行农产品批发交易活动的场所,大部分农产品的流通都在农产品批发市场内进行,因此农产品批发市场就成了大部分农产品流通的必要场所。关于广义农产品批发市场的定义为,农产品批发市场是为农产品提供批量交易服务的物流服务组织。

中国农村经济体制的改革极大地激发了农民的生产积极性,农业生产得以快速地发展，农产品产量大幅增加，现存的城乡农贸市场已经不能适应市场的需求。随着农村经济体制改革的不断深入，农产品生产和消费数量的大幅增加强烈地要求在全国范围内形成农产品的"大流通"，1991年，国家要求逐步建立以农产品批发市场为核心的农产品流通体系，农产品批发市场得到很大的发展，数量达到了2 000多个，规模也得以扩大。到了20世纪90年代中期，农产品批发市场的数量急剧膨胀，到1995年达到3 517个，农产品批发市场的功能得到增强，如商品的交易、集散、结算等功能，在这一阶段销地批发市场得到了很大的发展，但是一些地区未经科学论证就建设农产品批发市场，出现了"有场无市"的现象。20世纪90年代后期，各地开始整改农产品批发市场，初步形成了在重点产销区建立骨干市场，配合以区域性、地方性批发市场的物流网络。2000~2018年，农产品批发市场进一步规范化、制度化和法制化，农产品批发市场也提高了相应的设施水平和管理水平。农产品批发市场的作用进一步体现出来，并且在信息技术发展的基础上增加了新的功能，如网上交易、拍卖等。

按照批发市场在农产品物流中的区位作用可以分为产地批发市场、中转地批发市场和销地批发市场。产地批发市场是指位于某些产品的集中产区的批发市场，主要担负着本地集结、向外扩散的作用，进入市场的主要是农户、农村合作经济组织、长途贩运者、贩销大户等。销地批发市场广义上是农产品流通的终端，它的规模与前两种市场相比较小，它是与消费者最接近的市场，进入市场的主要是长途贩运者、批发商、零售商、个体消费者等。实际上，部分中转地批发市场也具备销地批发市场的功能。

从实现农产品供应链功能的角度来看，农产品批发市场的作用主要有以下几个方面。

（1）克服农产品跨地域销售的问题，实现了农产品的集散。农产品批发市场可以吸引和汇集各地的农产品在短时间内完成其他的交易过程，再把农产品发散到各地。大批量农产品的运输降低了运输费用，一定程度上能够实现绿色物流，加速了商品周转，同时也节约了交易费用。与专业农业合作经济组织的集散功能不同的是专业农业合作经济组织汇集的是农户手中的农产品，而农产品批发市场汇集的是更广范围的包括专业农业合作经济组织等各类农产品交易组织手中的农产品。

（2）为农产品提供了自由竞争的平台，具有农产品价格形成功能。农产品批发市场建立之后，由于它提供了农产品交易的平台，具有在大范围内聚集农产品的功能，所反映的是大范围内的农产品供求关系，因而形成的价格具有权威性和交易时的参考作用。同时，大量农产品的集聚，有利于同种农产品的平等竞争和按质论价。

（3）农产品的储藏功能。随着农产品批发市场功能的完善，大部分农产品批发市场都能够提供给进驻商户储藏功能。

（4）收集信息的功能。信息对于农产品生产者和销售者极其重要，如果信息使用者收集到的信息是错误的，那么将会对生产、经营活动产生严重的不良影响，而农产品批发市场的信息具有公开、完整、真实和及时的特点，可起到收集信息的作用，这些信息能够正确地引导生产和销售。目前农产品批发市场是我国农产品流通不可或缺的重要环节，农产品批发市场承担了很大比例的农产品流通，随着供需双方需求的提高，农产品批发市场的功能越来越完善，据笔者对广西部分农产品批发市场的实地调研，大部分广西蔬菜水果批发市场分区分片管理，仓储设施先进，物流等配套设施完备，具有电子交易平台，供需信息透明对称。农产品批发市场将在未来很长一段时间里在农产品供应链中处于不可替代的重要地位。

5. 大型连锁超市

大型连锁超市是近些年兴起的农产品供应链中一个重要的交易主体，大型连锁超市兴起的重要原因就是消费者对农产品质量的要求不断提高和超市农产品价格的不断下降。

现阶段大部分消费者购买农产品的渠道都是通过农贸市场，由于相当一部分农贸市场在经营管理方面不够规范，经营者进出随意性强，对于农产品的质量难以提供有力的保障。随着消费者收入的提高和生活水平的改善，相当大一部分消费者对农产品的关注从价格转移到了质量，此时大型连锁超市成为一个相对可靠的选择。大型连锁超市具备"信誉"方面的优势，一般来说，在大型超市中购买商品都会有一定的质量保证，相比于农贸市场超市商品更加可靠，而且会有较好的售后服务。超市农产品种类丰富，可以满足消费者的需求，但是由于诸多原因，超市销售的农产品价格往往高于农贸市场售价，但是随着竞争的加剧，超市也在不断地采用新的经营模式降低经营成本，从而降低农产品价格，比如近些年超市对于农产品提出了很好的经营方式，均实现了部分农产品与农业生产基地直接对接，从而降低了农产品转手的次数，极大地降低了农产品的损耗，从而使农产品售价降低，有的农产品售价低于农贸市场，同时质量方面也能得到有效保障，从而使消费者真正享受到了"物美价廉"的农产品。

超市农产品同时具有"质量"和"价格"方面的竞争优势，因而超市在未来农产品供应链中将占据非常重要的地位。

超市在农产品供应链中的重要作用体现在超市能够较为准确地预测农产品的需求量，从而能够正确地引导生产基地的生产计划，避免产生农产品的过量或不足生产，还能促成农产品的产业化和规模化生产；超市可以对农产品生产提出统一的要求和质量标准，因而可以保障农产品的标准化和质量安全；超市和农品生产基地直接对接减少了农产品的流通损耗，避免了无谓的损失，使得生产者、销售商和消费者均能获益，实现了"共赢"。

2.2.3 农产品供应链模式

综合学者们的研究和实际调研结果，按照供应链中相对处于主导地位的主体不同，可以总结并得到目前农产品供应链的主要模式主要有以下三种。

1. 以农产品批发市场为核心的农产品供应链模式

这种模式是通过批发市场将农产品生产者和消费者结合在一起的模式，涉及生产者、农产品批发商及各类消费者。此类模式适用于多种农产品，如粮食类、肉类、蛋类、蔬菜水果类及海产类等。这种模式的优势在于能够将分散的交易主体以这样的形式集中在一起，通过农产品批发市场解决小生产和大市场之间的矛盾；在批发市场内交易主体能够获取更多的交易信息，利用农产品交易市场的电子平台发布产品信息或者寻找需求信息，降低了交易主体在交易前寻找信息的成本；此外，农产品批发市场的辅助功能能够解决诸如物流等需求。以批发市场为核心的农产品供应链模式如图 2.2 所示。

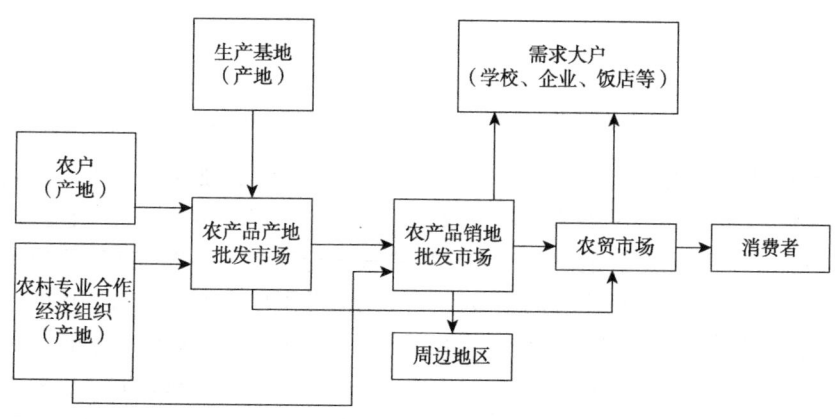

图 2.2 以批发市场为核心的农产品供应链模式

图 2.2 显示了以批发市场为核心的农产品供应链的主要流程，通常情况下批发市场即产地批发市场，也相对具备销地批发市场的功能，因而对于批发市场来说不能严格地进行产地和销地的分类，只能说批发市场以哪一种功能为主。

批发市场在农产品供应链中所起到的作用主要是提供各种优良便利服务来吸引农产品交易者进行交易，为农产品交易者提供适合的交易场所。近些年伴随着信息技术的广泛应用，农产品批发市场的功能愈加丰富，能够提供供需信息、实时的价格公告，推广农产品及展示农产品企业。农产品批发市场不仅是实物交易的场所，也为交易者们提供了电子交易的平台。同时批发市场的发展趋势使产地和销地批发市场的联系更加紧密，这种发展趋势有利于农产品及时交易，降低交易费用，减少损耗。

2. 以农产品加工企业为核心的农产品供应链模式

这种模式主要适用于产品需经过简单加工才能进入流通领域的农产品，比如各种肉类。该模式中，产销流通中间环节相对较少，便于提高物流速度，降低农产品物流时间和成本，加工商按订单组织农产品收购，有利于提高农产品流通环节增值的收益，从而提高农民参与市场能力和生产积极性。以加工企业为核心的供应链管理模式如图 2.3 所示。

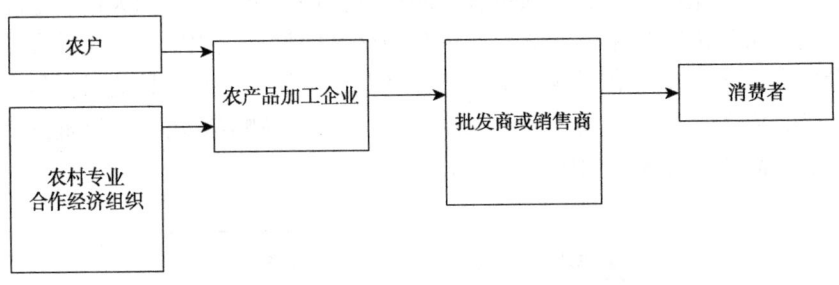

图 2.3　以加工企业为核心的农产品供应链模式

这种模式下，农产品加工企业具有较强的市场力量，加工企业可以建立自己的生产基地，也可以组织当地农户、加工企业提出一定的生产要求，在原材料和资金方面为农户提供一定的支持，农户按要求进行生产，这种模式同样也能够解决小生产的问题，提高供应链的绩效，同时也降低了单个农户进入市场的风险。当然这样的模式对农产品加工企业提出较高的要求，除了要有一定的资金保障外，农产品加工企业既要对生产进行管理，保证农产品的质量，同时也要及时把握市场动态，对市场需求进行预测，还要承担农产品的初加工、仓储、运输、市场营销等工作。

3. 以超市为核心的农产品供应链模式

以超市为核心的农产品供应链模式是近些年兴起的一种新的农产品供应链模式。这种模式以超市为主导：一种方式是超市选定采购商，由采购商向农产品生产基地或产地批发市场集中采购农产品进行运输，然后经由超市配送中心流通加工、统一配送再在农产品大型超市连锁店销售；另一种方式是超市与生产基地直接对接，极大地减少了中间环节，降低了交易成本，避免了农产品的过量损耗，而且能够有效地控制农产品质量，售后服务有保障，而订单式生产也能使农产品的品种、质量、数量与价格最大限度地适应市场需求，超市的集中加工配送中心可以统一加工标准和管理标准，增加农产品附加值。以超市为核心的农产品供应链模式如图2.4所示。

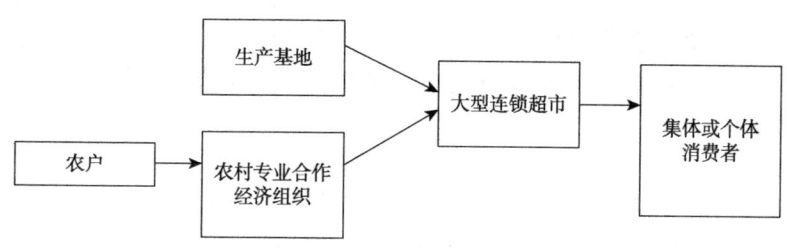

图 2.4　以超市为核心的农产品供应链模式

以超市为核心的农产品供应链兴起的主要原因是近些年超市在中国迅速发展，经营的农产品数量不断增多，如在广西沃尔玛、家乐福等大型连锁超市，它们拥有上百家的连锁超市，可以实行农产品的集中采购，在采购方面降低了成本，因而农产品在超市中的价格不再"高高在上"，甚至会低于农贸市场的价格；此外，超市经营农产品有个不可比拟的优势——可以在质量方面予以保证，农产品质量不仅需要政府部门的监督，更重要是在生产和流通过程中加以控制，超市采购的模式一般针对农业合作社和自有的生产基地，这为超市集中控制和管理农产品质量提供了保证，同时超市在供应链中处于核心企业的位置，具有一定的权力去约束生产和流通环节企业的行为，在消费者越来越关注农产品质量的今天，选择去超市购买放心农产品已经成为大多数消费者的选择。

2.3　农产品供应链模式发展趋势分析

2.3.1　交易成本理论

Coase（1937）最早在《企业的性质》一文中提到了交易费用的概念。Williamson（1985）认为交易费用分为事前交易成本和事后交易成本，包括搜寻信息、起草设计、谈判及决策、保护协议的成本，以及监督与促进、争论与沟通、保证和突发事件应对的成本。因而交易成本是指与生产产品无直接关联的，仅产生于交易双方的这部分成本。

威廉姆森认为造成交易无法顺利进行的主要原因是交易受到交易人主观因素和交易本身客观因素的制约。

交易人均为有限理性且为机会主义。有限理性是指人容易受到精神、生理和语言上的限制，使掌握信息的能力受到限制，认知的差异和各种情景解释的不同，会使人在交易中的行为不理性。机会主义是指人在交易中会倾向于投机行为，运用欺诈增加自身利益，造成彼此的怀疑与不信任，增加交易的监督成本。

交易本身具有不确定性和复杂性，不确定性包括对未来无法预知、双方信息不对称而可能导致的对对方欺诈。交易存在着信息不对称，交易的某一方拥有较多的信息，可能会造成先占先赢的局势。交易的资产专用性，是指资产一旦投入，则改用他途时必须承担重大的成本，资产专用性包括地区专用性、实物专用性、人力资源资产专用性和专注资产专用性。以上因素造成了交易费用的上升。

交易费用的产生会增大企业的成本，因而企业会在市场交易中寻求交易费用低且组织成本也低的交易管理模式。

2.3.2 资源基础理论

资源基础理论是指企业获取利润的能力与企业所拥有的资源有关，这里的资源指实物资源、人力资本资源及组织资本资源三类，企业所具备的资源越稀缺、难以模仿，其潜在的价值创造能力越大。企业具备资源的稀缺性构成了企业在竞争中的独特性，难以模仿性则会让企业在长时间内具备竞争的优势，具备可持续发展性。为了避免竞争者的模仿获取，企业需要采取隔离机制，一旦稀有资源被隔离，企业在竞争中就占据了优势地位。

从长期发展的观点来看，企业要在日益变化的竞争环境中随着市场竞争态势的改变与环境的变化来保持自身的资源独特性和竞争优势是相对困难的，而且随着竞争全球化，企业间的合作趋向紧密。供应链的合作方式使得供应链上成员能够在供应链范围内进行资源优化配置，企业分工更加明确精细。

良性的供应链合作会在长期发展过程中使供应链节点企业的核心竞争力渐渐明确，也逐渐增强，从整体上来看，供应链也会具有自身的优势资源和核心竞争力，但是，良性的供应链存在的前提是供应链成员之间能够彼此之间进行资源共享，成员之间能够达成共识，共同协调。

2.3.3 农产品供应链发展趋势

在上述提出的两种理论的基础上，本小节对未来农产品供应链发展的趋势进行分析。随着社会经济和科学技术的发展，农产品生产将会呈现规模化，消费将呈现个性化和多元化，同时信息技术在农产品供应链中得到广泛的应用，这些外在因素为在农产品供应链中实行先进的管理理念提供了保障，同时农产品供应链模式还受到以下内在因素的影响。

1. 农产品供应链上成员的利益

农产品供应链存在的最终目的就是满足供应链上成员的利益需求，假如有任意一主体利益为零，则必然会选择退出供应链，供应链自然解体。当一种组合模式对农产品供应链参与者拥有利益的吸引时，主体们才能相互合作，通过实现供应链目标，达到最佳的运作效果，以实现各自的利益，而且更优的供应链组织模式会拥有更大的吸引力。

2. 农产品供应链上成员合作效率问题

效率是管理决策的事实前提，有效即要求以有限的资源谋求最大的成果。在农产品供应链中坚持效率原则显得尤为重要，农产品鲜活易腐，因而对流通各个环节都要求要高效。效率低下的供应链组织模式势必不能长期存在。

3. 农产品供应链的可持续发展

这里的可持续发展包括两层含义：首先是农产品供应链成员之间合作的稳定性，根据 Coase 的交易成本理论，交易成本包括搜寻信息的成本、谈判的成本、保护协议的成本、监督的成本、争论和沟通的成本、突发事件的应对成本等，如果供应链之间成员合作紧密，稳定性强，则交易成本原则上会大大地降低，而这正是供应链成员所期望的；其次，可持续发展是指在实现农产品供应链功能的同时要尊重社会和自然的规律，保护资源、保护环境等，因而为了全局和长远的利益，应该更加提倡"绿色"供应链的理念。

如上所述，外在条件为农产品供应链的发展提供了保障，内在动力将会促使农产品供应链朝着高效率、低损耗、高附加值的方向发展，符合这些特征的供应链模式才会在激烈的市场竞争中得以生存和发展。基于此，未来农产品供应链模式将会呈现出以下特点。

（1）供应链上成员之间合作更加紧密。

在未来的竞争中，单个企业的竞争将逐步转化为供应链之间的竞争。供应链上企业之间相互依附、资源共享、分工更加明确,供应链因为企业成员之间的共同目标而变得更加具有竞争力,企业成员在供应链中的功能也越来越清晰,自身的核心竞争力也逐渐加强。稳定的供应链环境降低了单个企业可能面临的市场风险,降低了企业成员间的交易成本,提升了利润空间。供应链上企业成员合作将越来越紧密。

(2)供应链上核心企业的作用将越来越突出。

目前的农产品供应链上核心企业的地位不够突出,甚至没有核心企业。未来农产品供应链上核心企业的地位将逐渐显现,对整个供应链的带动功能也愈加突出,如农产品加工企业和大型超市。核心企业能够有效地对供应链进行协调,解决供应链上成员间的纠纷。想要成为供应链上的核心企业需要具备比较雄厚的经济实力,具有较强的地位,考虑自身利益的同时能够兼顾整个供应链的利益目标,带动整个供应链朝着高效、低耗的方向发展。

综合以上影响供应链组织模式发展的因素和未来发展的方向,可以看出只有流通环节少、流通成本低、合作紧密的供应链组织模式才是未来供应链发展的趋势,符合这些特点的供应链模式有生产基地+超市+消费者、农业合作经济组织+批发市场+消费者等,可以预见这样的模式在未来一定会得以持续发展。

2.4 中国农产品供应链概述

2.4.1 中国农产品供应链发展的内部因素和外部因素

1. 内部因素

我国农产品供应链发展的内部因素主要为农产品需求的变化。从农产品供给方面来看,随着我国农村经济的发展和社会主义新农村建设的推进,我国的农产品供给量已经实现总量的基本平衡,并且还能够进行部分农产品的出口创汇;从消费者的消费需求角度来看,随着人们生活水平的提高,目前消费者在农产品消费方面已经由过去单一的关注农产品的价格过渡到对农产品质量和增值服务的关注。在这样的供需环境下,我国的农产品物流也有了长足的发展。

目前我国各类农产品产量较大,小麦、水稻、水果等主要农产品的产量均居世界前列。2000~2016年,全国主要农产品产量稳步上升,农林牧渔产业产值也逐年提高,如图 2.5 所示。

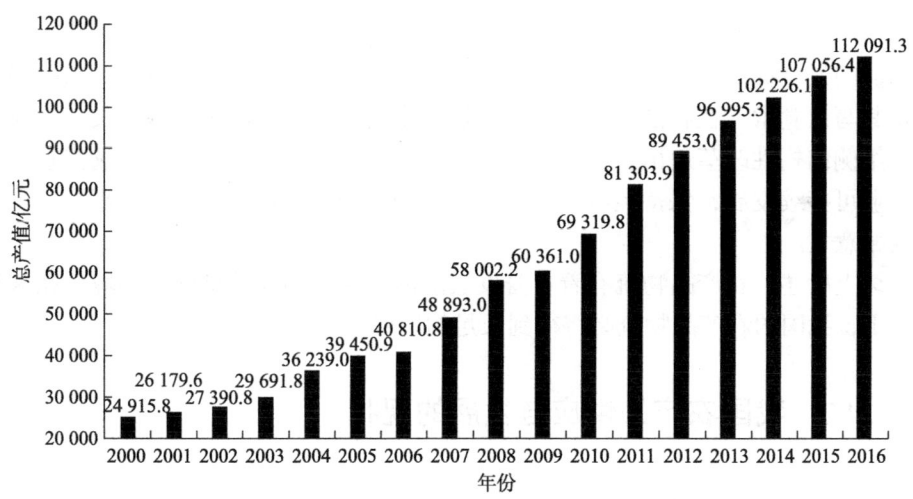

图 2.5　2000~2016 年我国农林牧渔产业总产值
总产值按当年价格计算
资料来源：国家统计局.《中国统计年鉴》，2001~2017 年

农产品产量的增长，包括农产品相关设施和生产资料的增长，都给农产品物流带来巨大的市场需求，据国家统计局 2017 年统计数据，我国农业机械总动力已经由 2000 年的 52 573.6 万千瓦时增长到 2016 年的 97 245.6 万千瓦时。以上数据表明农产品产量增长可能会拉大对农产品供应链的需求，同时也促进农产品物流的发展。

2. 外部因素

我国农产品供应链发展的外部因素主要是国家政策的扶持。我国是一个农业大国，国家一直很重视农业和农村的发展。目前国家的工作重点之一就是"三农"问题，已经实施一系列的政策来促进农民增产增收，这在一定程度上带动了农产品的销售，同时也促进了农产品供应链的发展。同时，各地在国家政策的指引下，各自制定了符合各地发展的政策，也促进了地方农产品的发展。

我国在重视"三农"问题的同时，也加强了农产品市场体系的建设，希望通过农村市场体系的发展来搞活流通，从而促进农业的发展。我国从 2005 年起就实施了"万村千乡市场工程"，这个工程的目标就是：从 2005 年开始力争用三年时间，在试点区域内培育出 25 万家左右"农家店"，形成以城区店为龙头、乡镇店为骨干、村级店为基础的农村消费经营网络。2006 年国家商务部发布了《商务部关于实施"双百市场工程"的通知》，即选择 100 家左右辐射面广、带动能力强的全国性和跨区域农产品批发市场与 100 家左右有实力的大型农产品流通企业和农村流通合作组织，力争用三年时间，通过中央和地方共同推动以及重点企业示范带动，完成全国一半左右（约 2 000 家）农产品批发市场升级改造，使农产品流通成本明显降低，流通环节损耗大幅减少。国家推出的一系列政策为我国农产品物流的发展提供了一个良好的外部环境。党的十九大提出实施乡村振兴战略，并将其写入党章，在我国"三农"发展进程中具有划时代的里程碑意义。当前农业供给侧结构性改革迈出新步伐，加强农产品供应链管理，对适应市场需求，实现农业可持续发展，保持经济平稳较快增长和促进经济发展方式转变都具有重要的战略意义。

综上所述，农产品物流有着自身发展的内部需求和外部良好的环境，在这种条件下，我国的农产品物流必将得到长足的发展。

2.4.2 我国农产品供应链发展的现状

1. 农产品流向复杂

我国地大物博，农产品种类繁多，在空间上分布不均，因而造成了我国农产品流向复杂。我国的粮食产区主要分布在东北地区、黄淮地区和长江中下游地区；猪、禽、牛为主的肉、蛋、奶生产基地主要为长江流域的主要盆地及平原、珠江三角洲、山东和河南等地区；水产地区主要分布在东海海区、南海海区的海产品产区和长江淮河流域的淡水水产品区域。从上述分布可以看出我国的农产品分布空间分布差异性较大，因而我国农产品的主要流向是从农村流向城市、由农业区流向工业区，即由农产品产区流向人口密集、非农产业为主的大中型城市。由于农产品分布的特点，也存在着由产区流向非产区需求地，由农产品特产地流向需求地的情况。

2. 农产品流通的模式复杂

我国农产品供应链模式比较复杂，多种流通模式共存。目前存在的主要流通模式有以下几种，如图 2.6 所示。

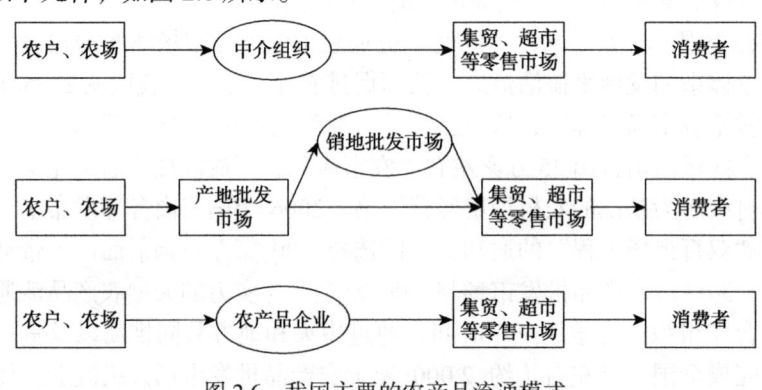

图 2.6 我国主要的农产品流通模式

出现这种情况的主要原因在于我国农产品供应链节点的主体多样化,如在生产节点上存在的主体主要有个体农户、农业生产合作社和生产基地。农户主体在我国主要是以分散经营为主的小农户,但一些经济发达地区也有一些规模经营的农户联合体;中间代理环节的主体比较多样化,既有各种类型的合作组织(包括政府主导和自发组织的各种专业协会),也有各种不同规模的私营收购代理公司;在销售节点上存在的主体主要有农产品批发市场、农产品零售市场和超市。产地批发商和销地批发商的主体主要是各种农产品批发市场为核心的购销商群体,目前我国农产品零售商的情况最复杂,包括各种农贸市场、规模不同的超市及综合性的零售店和地摊销售等;参与农产品供应链运作的主体有农业产业化龙头企业、农业合作社及第三方物流企业。农产品供应链的主体包括自营主体、第三方物流主体。第三方物流虽然有很大发展,但自营物流仍占主导地位。以上原因造成了我国的农产品供应链模式复杂。

3. 农产品流通的成本较高、损耗较大

目前我国粮食流通成本在整个成本中占到40%左右,鲜活农产品的供应链成本占到60%左右,而发达国家的供应链成本一般控制在10%左右。高成本导致我国的农产品价格高于发达国家,降低了我国农产品的竞争力。据统计,我国部分农产品的价格高于国际价格的50%。

此外,目前我国农产品供应链是以常温物流或自然物流形式为主,农产品在物流过程中损失很大。有数据表明,我国水果、蔬菜在采摘、运输、储存等环节上的损失率为25%~30%,而发达国家的果蔬损失率则控制在5%以下,美国果蔬在物流环节的损失率仅有1%~2%,产后粮食损失占总产量的12%~14%。

4. 农产品供应链市场体系正在逐步完善

在国家政策的大力扶持下,我国的农产品供应链市场体系正在逐步地完善。全国各地坚持以市场为导向,大力培育农副产品市场如大型批发市场、专业市场和集贸市场,为促进农产品流通、农村产业结构调整和农民收入增加起到积极作用。基本上形成了从生产、收购、流通加工、运输、储存、装卸、搬运、包装、配送到销售一整套组织环节。

由于经济发展的不平衡性,落后的农业和农村经济与现代工业、发达的城市经济并存,广大的不发达地区、贫困地区和经济发达、比较发达地区并存,而且我国正处于实现工业化、现代化双重任务下。这种国情决定了城乡、地区在经济、消费、观念等诸多方面存在着很大的差距,供应链活动高度集中在交通极为发达的地区,而在乡村地区物流业的发展比较缓慢,东部沿海省份(如山东省)由于经济发达程度高,农产品供应链市场发育程度就高,流通体制完善,而西部地区由于经济基础差,农产品供应链市场发育滞后。农产品供应链市场体系体现出区域发展的不平衡性。

农产品批发市场和农产品流通中心发展较快,但市场交易法规建设薄弱,交易规范化程度有待提高。农产品在流通过程中的中介环节过多,各种税费过多、过高,流通成本趋高。虽然农产品储藏加工业有所发展,但规模小、水平低。多数企业仅仅是把农产品的储藏保鲜、冷冻保鲜目标定位于企业的增值,而不是把它作为企业积极参与国际农产品供应链环节的长久永续经营战略目标。

5. 农产品供应链技术相对较低

在运输环节上,我国粮食运输主要采取传统的"包装运输"方式,不仅浪费了人力,还在反复的装卸过程中加大了粮食的损耗。而在国外,对于粮食的运输一般采用的是散装运输,即散装、散卸、散储和散运。散装运输是一种新的运输方式,需要一定的装备和技术,在我国还达不到配套的条件。对于保鲜来说,国外基本上能够实现从田间采摘后,直接进行处理,送到消费者手中,形成一条完整的冷链系统,而我国大部分还是常温运送,造成易腐品的损耗加大。

6. 农产品物流总额增长缓慢

2017年我国物流运行总体向好,社会物流增长稳中有升,社会物流总需求呈现稳中有升的发展态势。从构成看,2017年,工业品物流总额为234.5万亿元,按可比价格计算,同比增长了6.6%,增速比上年同期提高了0.6个百分点;进口货物物流总额为12.5万亿元,增长了8.7%,提高了1.3个百分点;农产品物流总额为3.7万亿元,增长了3.9%,提高了0.8个百分点;再生资源物流总额为1.1万亿元,下降了1.9%;单位与居民物品物流总额为1.0万亿元,增长了29.9%。

2.5 发达国家农产品供应链特点

跟我国相比,国外农产品供应链发展水平普遍比较高,政府在发展农产品供应链的过程中往往给予政策鼓励、不断完善物流法律法规,同时提供资金、教育等方面的支持和帮助,物流设备先进、基础设施完善、信息化水平高。具体说,不同的国家又有各自的优势。

2.5.1 美国农产品供应链发展特点

美国农业生产和贸易居于世界领先地位，农产品物流量大且非常频繁，在先进和完善的物流理论指导下，拥有一个庞大、通畅、高效的农产品供应链体系。它的突出表现在以下几个方面。

（1）农产品供应链的基础设施和设备发达。美国的交通运输设施十分完备，公路、铁路、水运四通八达，高速公路遍布城乡，公路呈网状结构，能够直接通往乡村的每家每户。美国的通信设施和网络发达，储运设备的机械化水平高，光粮食的装卸输送设备就有螺旋式输送机、可移式胶带输送机及低运载量斗式提升机等。

（2）拥有发达的农业信息流基础。据统计，美国提供农业信息服务的商业性系统近 300 家。2001 年，美国农业资源管理研究中心对 216 万多家美国农场互联网应用情况的调查表明，美国农民在网上的主要活动是信息收集、财务管理、网上采购和农产品销售等，这几乎涵盖了农业电子商务网站的主要功能。2000年，美国农场的网上交易额为 6.65 亿美元，占农场全部交易额的 0.33%。其中网上购买额为 3.78 亿美元，购买的主要产品是机械设备、农业生产资料和饲料等，特别是生产资料的网上购买量已占总购买量的 35%；网上销售额为 2.87 亿美元，其中 66%为畜产品，34%为农产品。2017 财年美国农产品出口 1 405 亿美元，比 2016 年增加近 109 亿美元，创下历史第三高点。2017 财年美国农产品贸易顺差达到 213 亿美元，比 2016 财年的 166 亿美元增加近 30%。2017 财年中国成为美国最大的出口客户，美国对中国的农产品出口收入达到 220 亿美元，其次是加拿大，出口收入达到 204 亿美元。美国对墨西哥的农产品出口收入达到 186 亿美元，同比增加 6%；对日本的出口增加 12%，达到 118 亿美元。在美国农产品的十大市场中，美国对欧盟的出口收入达到 116 亿美元，对韩国出口 69 亿美元，对中国香港出口 40 亿美元，对中国台湾出口 34 亿美元，对印度尼西亚出口 30 亿美元，对菲律宾出口 26 亿美元。2017 财年美国大宗商品出口达到创纪录的 1.59 亿吨，同比增加 11%；出口产值达到 514 亿美元，同比增加 16%，这主要受益于大豆出口。2017 财年大豆出口量达到创纪录的 6 000 万吨，价值 240 亿美元。玉米、小麦和棉花出口收入同样增加，其中棉花出口收入同比增加 70%，达到 59 亿美元，小麦出口增加 21%，达到 62 亿美元，玉米出口增加 6%，达到 97 亿美元。

（3）农产品供应链服务的社会化程度高。美国连接农产品供需的供应链主体主要是农场主参加的销售合作社、政府的农产品信贷公司、农商联合体、产地市场或中央市场的批发商、零售商、代理商、加工商、储运商和期货投机商等。据统计，全美近 1/3 的农场主通过合作社出售谷物。各种行业协会如谷物协会、大豆协会等为农民提供有力支持，代表农民与政府交涉，在农产品产销中发挥着积极作用。

（4）政府发挥积极的调控作用。美国农业部有 10 万余人分布于全国各地，农业统计系统对各农场每一块耕地上所种植的作物品种、面积、长势、产量都了如指掌，所获取的信息经过汇总处理，由政府定期发布，指导农户生产经营。政府还通过价格支持措施、关税政策等方式对农产品进行调控，每年用于出口补贴的预算在 600 亿美元以上。

2.5.2　日本农产品供应链发展特点

日本农产品主要以小单位生产为主，虽然资源有限，在农产品供应链方面却非常先进。

（1）完善的物流基础设施。日本采取了一些宏观政策导向，从本国国情出发，大力进行本国物流现代化建设，在大中城市、港口、主要公路枢纽都对物流设施用地进行了合理规划，在全国范围内开展了包括高速公路网、新干线铁路运输网、沿海港湾设施、航空枢纽港、流通聚集地在内的各种基础设施建设。

（2）完备的农产品市场硬件设施。日本农产品批发市场的开设实行严格的审批制度，中央批发市场、地方批发市场及其他批发市场须根据《批发市场法》和各种条例进行建设。批发市场配备有完善的保管设施、冷风冷藏设施、配送设施、加工设施等，并灵活运用计算机信息处理技术，已演化成农产品物流中心。

（3）农业合作组织发挥着积极作用。日本各大中小城市都有农民协会直接参加或组织的农产品批发市场，农产品生产总量的80%~90%是经由批发市场与消费者见面的。农民协会利用自己的组织系统，以及保鲜、加工、包装、运输、信息网络等现代化的优势，将农民生产的农产品集中起来，进行统一销售，担当了生产者与批发商之间的产地中介。

2.5.3　荷兰农产品供应链发展特点

荷兰位于欧洲的中心地区，它充分利用这一有利条件发展农产品供应链。荷兰的公路上飞驶的货运车中大约有 1/3 的车辆是载运农产品和食品，以向世界各地提供及时的物流服务。

（1）先进的电子虚拟农产品供应链。通过网络连接农业生产资料供应商、生产商、种植主、批发商、零售商，形成农产品供应链，以便对供应链上的各个环节进行实际操作，向商界和消费者提供品牌农产品供应商和零售商，完成客户网上订货所需要的物流活动。荷兰的花卉和园艺中心的新式电子交换式信息和订货系统已经建立，通过电子化农业产品交易市场向全球许多国家的广大客户和消费者提供服务。

（2）先进的农产品物流中心，成熟的冷冻行业。农业物流的城市中心主要是协调联运物流中心，如经营粮食、鱼、肉、水果等货物运输的鹿特丹，还有分工不同的物流中心，如专业从事进出口可可豆的阿姆斯特丹港，经营水果批发的弗拉辛港。荷兰的冷冻行业非常发达，具有现代化的制冷和冷冻技术设备，且工作效率高，充分保证高质量农产品的运输、储存和配送服务。

2.6 本章小结

本章在文献研究的基础上，主要完成了以下工作。

（1）界定了农产品供应链的概念，从本质上研究了农产品供应链的特征，并从不同角度对农产品供应链进行了分类。

（2）深入研究了农产品供应链上各主体的功能，农产品供应链上担负主要功能的主体为农村专业合作经济组织、农产品批发市场、农产品龙头企业、农产品加工企业及大型连锁超市，本章详细分析了以上主体在农产品供应链中所处的地位和实现的功能。

（3）总结了现存的农产品供应链模式。目前我国主要的农产品供应链模式有以批发市场为核心的农产品供应链模式、以农产品加工企业为核心的农产品供应链模式及以大型连锁超市为核心的农产品供应链模式，通过文献研究和实地调研总结了每种模式的流程，针对每一种模式都分析了其优势所在。

（4）分析了农产品供应链模式的发展趋势，以经济学的交易费用理论和管理学的资源基础理论为理论基础，阐述了促使农产品供应链发展的内部因素和外部因素，并在此基础上预测了未来农产品供应链发展的特点，为以下章节的研究奠定了理论基础。

3 广西农产品供应链现状及存在的问题

3.1 广西的区位优势

广西位于我国沿海地区的西南端，面向东南亚，背靠大西南，处于我国东南沿海地区和我国大西南地区的交汇地带，是我国西南最便捷的出海通道。大西南的四川、云南、贵州、西藏、重庆等省区市，面积 234 万多平方千米，人口 2 亿多，蕴藏着极为丰富的物产资源，战略地位十分重要，是我国经济发展潜力最大的地区之一。中共中央和国务院对大西南的开放和开发是十分重视的。1992 年 5 月，中共中央决定"要充分发挥广西作为西南地区出海通道的作用"[①]，从而奠定了广西在全国全方位开放及大西南联合开放开发中的战略地位。

广西既是华南通向西南的枢纽，又是沿海、沿江、沿边的省份；既有适应亚热带植物生长的气候条件，又有丰富的矿产资源；既有方便的水、陆、空交通，又有连接世界各地的通信网络；既是少数民族地区，又是全国重要侨乡；既有发展迅猛的高科技，又有充足的人力资源，这些独特区位优势，使广西成为全国唯一的具有沿海、沿江、沿边优势的少数民族自治区。

3.2 广西农业概况

广西位于中国西南部，总人口 5 159.46 万人，陆地面积 23.67 万平方千米，海岸

---

① 中共中央首次明确提出发挥广西作为西南出海通道的作用——1992 年中共中央《关于加快改革、扩大开放，力争经济更好更快地上一个新台阶的意见》[EB/OL]. http://www.gxdfz.org.cn/flbg/gxzhizui/201612/t20161227_35203.html, 2009-03-20/2020-04-10.

线长 1 595 千米，陆地约占全国面积的 2.5%，是西部地区唯一沿江、沿海、沿边的省区。广西地处南亚热带和中亚热带交汇区域，北回归线横贯中部，日照充足，气候温和，雨量充沛，年日照为 1 600~1 800 小时，年降雨量为 1 200~1 800 毫米，年平均气温为 17~20℃，年无霜期为 330~350 天，素有"天然温室"之称。广西处处山清水秀，空气新鲜，优越的自然条件，为多种动植物繁衍生息提供了良好环境，目前广西已发现植物 280 多科、近 1 700 多属、8 000 余种，居全国第三；陆栖脊椎野生动物 729 种；海洋生物 1 700 多种，其中鱼类 600 多种。初步统计，广西粮食、糖料、水果、蔬菜等农作物品种 1 200 多个，畜禽类 400 多个，水产类 40 多个。除了物种资源，广西的旅游、矿产、水资源等十分丰富，为产业发展提供了良好条件。

广西地处南亚热带和中亚热带交汇区域，温光资源丰富，区位特色明显，农业发展有基础、有资源、有特色、有潜力。近年来，广西依托优势大力发展特色农业，形成了一批较好的特色优势农业产业。糖料蔗、桑蚕、木薯排全国第一，其中糖料蔗总产量占全国 60%以上，桑蚕产茧量占全国 45%以上，木薯种植面积和产量均占全国 70%以上，是全国最大的生物质能源（乙醇酒精）基地。此外，2015 年广西的水果种植面积居全国第五，是全国 5 个总产量突破千万吨的省（区）之一；茉莉花茶产量占全国一半以上；蘑菇产量排全国第一；中草药资源种类占全国总数的 1/3。广西还是全国重要的"南菜北运"蔬菜基地、全国最大的冬菜基地，是全国著名的"南珠"产地，畜禽水产品也在全国占有重要位置。

3.3 广西农产品生产现状

农产品是居民"菜篮子"工程的主要内容，关系到国民生活的重要方面。广西主要农产品有水果、蔗糖、木薯、蔬菜、油料等。其中粮食产量已大幅提高，粮食供给稳定，2017 年广西全区粮食种植面积 2 976.2 千公顷，比上年减少 47.4 千公顷；甘蔗种植面积 935.0 千公顷，减少 16.03 千公顷；油料种植面积 263.96 千公顷，增加 6.75 千公顷；蔬菜种植面积 1 314.74 千公顷，增加 44.99 千公顷；木薯种植面积 200.98 千公顷，减少 5.9 千公顷；果园种植面积 1 307.93 千公顷，增加 75.33 千公顷；桑园种植面积 207.86 千公顷，增加 2.08 千公顷。

2017 年广西粮食总产量 1 467.7 万吨，比上年减少 53.6 万吨，减产 3.5%。其中，春收粮食产量 31.8 万吨，减产 7.3%；早稻产量 501.6 万吨，减产 5.3%；秋粮产量 934.3 万吨，减产 2.4%。全年谷物产量 1 366.2 万吨，减产 3.8%。其中，稻谷产量 1 087.9 万吨，减产 4.3%；玉米产量 274.4 万吨，减产 1.8%。油料产量 71.62 万吨，增产 3.9%。甘蔗产量 7 611.69 万吨，增产 2.0%。蔬菜产量（含食用菌）3 086.85 万吨，增产 5.4%。园林水果产量 1 701.30 万吨，增产 11.6%。亚热带水果（如杧果、香蕉、菠萝、柑橘、荔枝、龙眼等）和桑蚕在全国也占有重要地位。广西 2016 年主要农产品产量及占全国比例数据如表 3.1 所示。

表 3.1　广西 2016 年主要农产品产量及占全国比例

品种	广西产量/万吨	全国产量/万吨	比例
粮食作物	1 521.3	61 625	2.47%
水稻	1 137.3	20 707.5	5.49%
蔬菜	2 928.81	80 005	3.66%
甘蔗	7 461.32	11 382.5	65.55%
薯类	76.1	3 356.2	2.27%
水果	1 882.5	28 351.1	6.64%
花生	64.9	1 729	3.75%
猪牛羊禽肉	411.0	8 364	4.91%
猪肉	249.8	5 299.1	4.71%
水产品	361.8	6 901.3	5.24%

资料来源：国家统计局.《中国统计年鉴》，2017 年

当前广西为了合理利用和保护农业资源，提高农业资源综合利用效率，优化农业生产结构，优势农产品生产正向优势区域集中，优质水稻集中在桂东南、桂北，包括桂平、平南、港北、港南等 13 个县（市、区），优质水稻产量占广西粮食总产量的58.7%；蔗糖集中在桂中、桂西南等22 个县，其种植面积和产量分别占广西总产量的 79.9%和 82.0%；木薯主要集中在武鸣、邕宁、宾阳、横县等 28 个县（市、区），木薯产量占全自治区的80%以上；南宁、柳州、贵港、河池、来宾为桑葚集中生产区，产量占全自治区的 42.2%；桂南、桂北和桂西水果产量占全自治区的72.3%；南宁、桂林、玉林、百色、贺州 5 市蔬菜产量占全自治区的 63%。

近年来，广西加大了对农业的投入力度，积极稳妥地推进农业管理体制的改革，进一步调整农业结构，并取得了显著的成效。2016 年广西农产品（包括农林牧渔业）总产值达到 4 591.27 亿元，同比增长 9.39%。广西 1995~2016 年主要农产品种植面积和主要农产品产量如表 3.2 和表 3.3 所示。

表 3.2　广西 1995~2016 年主要农产品种植面积　　　　单位：公顷

主要农产品	1995 年	2000 年	2005 年	2010 年	2011 年	2012 年	2013 年	2014 年	2015 年	2016 年
粮食	3 662.7	3 653.8	3 350.9	3 061.1	3 072.8	3 069.1	3 076.0	3 067.7	3 059.3	3 023.6
花生	208.4	240.3	243.7	170.3	179.5	188.1	194.9	204.3	214.3	221.3
甘蔗	454.3	508.7	747.6	1 069.5	1 091.6	1 128.0	1 125.1	1 081.5	973.7	951.0
木薯	272.9	264.3	269.5	233.0	237.5	231.2	228.0	224.1	213.3	206.9
蔬菜	555.8	899.3	1 094.4	1 007.6	1 040.7	1 075.4	1 104.6	1 162.5	1 221.0	1 269.7

资料来源：广西统计局.《广西统计年鉴》，2017 年

表 3.3　广西 1995~2016 年主要农产品产量　　　　　　　　单位：万吨

主要农产品	1995 年	2000 年	2005 年	2010 年	2011 年	2012 年	2013 年	2014 年	2015 年	2016 年
粮食	1 553.31	1 667.24	1 516.29	1 412.32	1 429.93	1 484.90	1 521.8	1 534.41	1 524.75	1 521.30
花生	39.17	49.55	55.13	43.50	47.46	51.09	54.1	57.57	60.70	64.86
甘蔗	2 555.73	2 937.89	5 154.69	7 119.62	7 269.96	7 829.71	8 104.26	7 952.57	7 504.92	7 461.32
木薯	124.51	132.56	173.61	173.21	180.33	181.31	182.75	182.82	175.94	172.12
蔬菜	—	1 620.75	2 130.60	2 129.44	2 246.40	2 356.72	2 435.62	2 610.08	2 786.37	2 928.81

资料来源：广西统计局.《广西统计年鉴》，2017 年。表中"—"表示统计年鉴中没有该项统计数据

从表 3.2 和表 3.3 中可以看出，甘蔗和蔬菜的种植面积和产量呈上升趋势，而粮食、花生、木薯种植面积虽呈下降趋势，产量却大幅提高，说明广西在农业发展过程中，农业结构改善的成效较为显著。

与此同时，也着重强调了农产品供应和运输过程中的新鲜、优质、安全等特点。早在 2000 年，广西就启动了食用农产品安全生产体系的建设工程，对食用农产品质量管理过程中的生产源头进行重点管理，具体来说，以蔬菜、瓜果、粮食、肉类、蛋、奶等主要农产品作为重点，狠抓规模化、标准化和专业化安全生产基地的建设，并严格控制生产环境和产品质量的检测程序。农业厅还推出了"农产品可追溯系统"，即部分的农产品都有唯一确定的编号。编号包括农产品的生产基地、生产加工日期等方面的信息，并且在农业厅相关网站上能通过输入农产品的编号，即时了解到相关信息。在确保生产质量方面，2003 年广西有关部门对近 200 家生产基地的生产环境、产品安全指标进行了各项检测，广西已有 2/3 的农产品达到食用农产品安全生产暂行标准，并有 100 多家农业生产经营单位获得 ISO9000 系列质量管理体系认证和 ISO14000 环境质量管理体系认证。

经过近几年的发展，广西农产品的发展取得了显著的成绩，初步建立起了绿色农产品供销体系，并涌现了一大批大型的、规范化的农产品批发市场和超级市场，新兴农业发展迅速，休闲农业和民俗旅游业收入逐年提高。

上述成绩的取得和物流与供应链体系的畅通有着密切的关系，强有力和高效畅通的物流与供应链体系，是农产品流通过程中最重要的一环。

3.4　广西农产品供应链流通特点

经过改革开放以来 40 多年的努力，广西农业和农产品物流业得到了较快的发展。目前广西农产品流通呈现以下几个特点。

（1）农产品生产规模增大，产量增加，流通需求加大。

广西作为一个农业生产规模较大的区域，农产品总量大为其显著特点，主要农产品产量在全国占有重要位置。粮食产量在全国排位基本稳定在第十二位至第十五位，甘蔗、木薯、桑蚕产量也稳居全国第一。有的产品如蔬菜、水果、水产品的排位也不断前移，在全国所占份额不断提高。这说明广西农业生产力有较大发展，农产品供给总量保持稳步增长，在市场竞争中具有很大的优势。

为了确保农产品总量的稳步发展，广西十分重视农产品生产基地建设，一些农产品生产大县通常也是农产品流通大县。广西各地发展适度规模经营，逐步形成了一批农产品生产基地县，通过生产规模的扩大来带动农产品流通。例如，2010年广西全区建成优质水稻生产基地县30多个，水稻优质率由2005年的80.6%提高到2010年的85.4%。虽然优质水稻种植面积增大，但是人民生活水平也在逐步提高，对优质水稻的需求加大，按照人均粮食消费水平不低于370千克，水稻的流通需求量必然会加大。从粮食产量来看，2012年广西粮食产量达到1 484.9万吨。从2014年开始，在广西重点扶持"三品一标"企业试点推行农产品质量安全追溯管理平台建设，目前广西共有近200家食用农产品生产企业（合作社）建立了农产品质量安全追溯管理系统，各市、县级农业部门加大了追溯体系建设力度，桂林、百色市农业部门建立了市级农产品质量安全追溯管理系统，武鸣、平乐、富川和南丹等十多个县（市、区）农业部门也建立了县级农产品质量安全追溯管理系统，据不完全统计，截至2018年5月，广西共有200多家农产品生产企业自筹资金建立了农产品质量安全追溯管理平台。民众在购买食用农产品时，可以通过扫描二维码及时了解食用农产品生产过程管控情况及生产企业的基本信息，放心消费、明白消费。

从养殖业的情况来看，单一的生猪养殖业结构得到了很大改变，肉用牛及一些名特肉优的禽肉养殖业也得到了发展。2017年，广西猪牛羊禽肉总产量403.8万吨，比上年增长0.3%。其中，猪肉产量255.0万吨，增长2.1%；牛肉产量11.7万吨，下降20.5%；羊肉产量3.3万吨，增长1.2%；禽肉产量133.8万吨，下降0.9%，如表3.4所示。禽蛋产量22.7万吨，下降1.6%；牛奶产量10.0万吨，增长3.9%。全年生猪出栏3 355.1万头，比上年增长2.3%；年末生猪存栏2 293.7万头，比上年末增长3.5%。全年蚕茧产量39.59万吨，增长4.8%。水产品产量379.08万吨，增长4.9%，其中海水产品产量195.32万吨，增长4.5%。

表3.4 广西1995~2017年主要肉类产量　　　　　　单位：万吨

主要肉类	1995年	2000年	2005年	2010年	2011年	2012年	2013年	2014年	2015年	2016年	2017年
猪肉	153.63	217.87	300.02	241.5	239.55	252.5	261.34	266.29	258.81	249.75	255.0
牛肉	6.54	9.79	16.95	13.7	14.27	13.86	14.33	14.38	14.38	14.71	11.7

续表

主要肉类	1995年	2000年	2005年	2010年	2011年	2012年	2013年	2014年	2015年	2016年	2017年
羊肉	0.77	2.47	3.70	3.30	3.21	3.20	3.24	3.24	3.24	3.26	3.3
禽肉	34.52	55.85	95.11	124.93	128.84	136.00	135.32	128.24	132.52	134.99	133.8

资料来源：广西统计局.《广西统计年鉴》，2017年；广西统计局.《2017年广西壮族自治区国民经济和社会发展统计公报》，2018年

如表3.4所示，2017年广西猪肉产量是1995年猪肉产量的1.66倍，达255.0万吨，增幅达66%；而禽肉产量是1995年禽肉产量的3.9倍，产量高达133.8万吨。广西肉类生产主要采用专业养殖户，以市场批发为主要销售模式，随着肉类、禽蛋产量的增加，广西肉食产品的市场竞争力也在逐年提高，运输量加大，促使流通量增加。

从水果的情况来看，自从改革开放以来，广西水果生产得到了长足发展。广西在充分利用有利资源优势的同时，因地制宜建立了一批优质水果生产基地。总体的分布情况如下：桂东南以荔枝、龙眼、香蕉为主；桂北、桂中以宽皮橘、甜橙、沙田柚为主；右江河谷以杧果为主。广西已建成水果基地34个，其中列为全国基地的有19个，全区果品的70%以上是由基地生产，而且各类水果社会产量的80%都是来该类水果的生产基地。亚热带水果生产量最大的是广东，其次就是广西，而广西水果市场突出特点就是量大，并且以销售鲜果为主，大部分水果销往北方城市，少部分加工过的水果（如荔枝干、桂圆肉等）通过批发市场销往全国各地。

此外，由于广西重视农业科技进步，依靠科技发展农业，致力推广优质高产品种，农产品优质率明显提高，农民收入增加，农民种植积极性提高，农产品流通需求量增加趋势明显。

（2）农产品商品产值增加，商品率稳中有升，农产品市场交易日益繁荣。

从广西农产品贸易来看，农产品商品量均有不同程度增长，商品产值也是逐年增加，商品率基本保持稳定，商品的人均生产量均呈现增长趋势，这说明广西农产品的商品量逐年扩大，农产品商品市场日益丰富。

（3）农产品市场建设已具规模，流通设施及条件逐步完善。

农产品市场是农产品实现自身价值的载体和条件，是农产品流通的重要基础。广西一直重视农产品市场的建设，特别是2005年广西实施"双百市场工程"试点以来，自治区党委政府就多次下发文件，把商务部"万村千乡市场工程"列为"为民办十件实事"项目之一，要求各级主管部门提高认识，加强组织落实。为推进广西商品市场建设，自治区党委政府2010年出台了《中共广西壮族自治区委员会 广西壮族自治区人民政府关于进一步加快服务业发展的决定》（桂发〔2010〕34号），并将《广西壮族自治区人民政府关于加快商品市场体系建设意

见》（桂政发〔2010〕69号）作为第一份重要配套文件，将商品市场建设放在了服务业发展的突出位置。

随着市场建设工程的不断推进，农产品市场交易规模不断扩大，辐射能力进一步增强，农产品市场建设已初具规模。据不完全统计，广西现有农贸市场2 613个，其中市区农贸市场458个，县城农贸市场331个，乡镇农贸市场1 824个。从总体上来看，广西已形成一批如南宁五里亭蔬菜批发市场、广西海吉星农产品物流中心、桂林五里店果蔬批发市场、玉林宏进农副产品批发市场、柳州柳邑农副产品批发市场、广西田阳农产品批发中心、金桥农产品批发市场等规模较大、有影响的农产品批发市场，截至2018年5月，在农业农村部定点农产品批发市场有15家，如表3.5所示。

表3.5 广西农业农村部定点农产品批发市场

南宁五里亭蔬菜批发市场	广西灵山县农副产品综合批发市场
广西藤县太平农副产品批发市场	广西白沙农副产品综合批发市场
广西南宁市饲料兽药禽苗市场	广西中国珍珠城水产市场
广西横县横州城北批发市场	广西武鸣标营果菜批发市场
广西梧州竹湾农副产品批发市场	柳邑农副产品批发市场
广西荔浦县农副产品综合批发市场	广西永福县三皇乡果蔬批发市场
广西东兴市海产品批发市场	广西田阳县农产品批发中心
	广西恭城县农产品批发市场

资料来源：广西农业信息网

（4）农产品流通组织呈现多元化趋势，农民流通组织的作用越来越明显。

农产品的流通是一个纵向流通的过程，是指农产品从生产者到消费者的流通过程，是在一个纵向的流通组织体系中运行的。广西农产品市场体系发展较早，流通组织体系已从单一组织形式发展到个体商贩、农民运销合作社、各类专业经销商等多元化组织形式。多年来，广西为了缓解产销矛盾，稳定市场，提高农民收入，鼓励农民参与到农产品流通组织中，成立相应的流通合作组织。目前，广西50%以上的农产品是靠农民流通组织销售出去的，流通组织已成为农产品流通领域最具活力的生力军。

根据市场变化的要求，农民流通组织也出现了多种形式共同发展的局面。归纳起来，主要有以下几种类型：①个体经营型，即以个体为主进行农产品营销活动，大多数个体经营者是产量大户，他们根据自己的经验和经营能力，活跃在农产品流通市场；②联合经营型，为了增强竞争力，提高谈判能力，扩大经营规模，一些运销大户以入伙或股份合作的方式联合起来，共同进行农产品经销；③加工经营型，主要是农产品生产基地或生产大县为了克服农产品集体上市造成积压滞销的局面，自主经营加工农产品然后再销售出去，这样不仅可以提高农产品的附加值,还可以提高农产品的市场竞争力;④公司服务型,一些农产品加工厂商为了获取稳定的货源,同农民建立直接的产销关系,实现利益挂钩,风险共担,从而实现共同发展,一些公司还提供种苗、肥料、技术管理等相关服务,使农民从产到销都能获得支持,从而增加了农民的积极性,稳定了市场,同时也提高了农产品流通的效率。

3.5 广西农产品供应链现行模式

3.5.1 以加工型龙头企业为核心的农产品供应链模式

广西农产品供应链体系中,以家庭为单元的农业生产单位规模小,组织化和信息化程度低,从而导致其在整个农产品供应链体系中市场信息不对称,单位个体谈判能力弱,处于农产品供应链系统中的弱势地位,因而在生产实践过程中,通过加工型龙头企业为核心将弱势环节整合在一起,从而保证了农业生产者的整体经济利益的相对公平,从而形成了以加工型龙头企业为核心的农产品供应链组织模式,如图3.1所示。

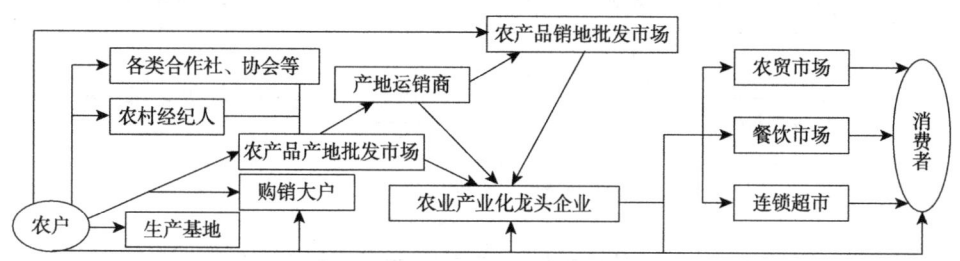

图 3.1 以加工型龙头企业为核心的农产品供应链模式

在以加工型龙头企业为核心的农产品供应链模式下,由于加工型龙头企业具有相对的资金和技术优势,能够为农业生产者提供较为先进的农业生产技术和生产资料,从而在农产品供应链体系中起到催化剂和稳定剂的双重作用,在一定阶段内推动了广西农业经济的发展。

首先,加工型龙头企业可以利用区域性的相对技术和资金优势整合区域内分散的农产品生产单位,与它们通过合同的形式保证自身加工原料供给的稳定性,同时,也通过规模经济提高整个供应链企业的生产效率,极大地降低了企业间的内部交易成本,降低了农业生产者的市场风险。

其次,处于农产品供应链核心位置的加工型龙头企业利用自身的技术优势和信息化优势，可以提高供应链上企业的内部整合能力和信息化水平，从而形成协调统一的供应链管理系统，但是，以加工型龙头企业为核心的农产品供应链模式的成败更多取决于单一企业的经营能力和运营水平，间接地增加了核心龙头企业的管理成本和研发成本。如果处于核心地位的加工企业对自身在供应链体系中所发挥的作用和职能进行科学的管理，很容易造成该种供应链体系的规模不经济，从而加重供应链企业的利益不均衡，激发农业生产矛盾。

3.5.2　以一体化物流系统为主导的农产品供应链模式

由于农产品生产的区域性和季节性特点，世界先进的农业国家都特别关注农产品在不同地区间流转加工过程的一体化整合技术，通过对加工和物流环节的系统整合，减少烦冗的流通环节，达到提高区域间配送效率，提高农产品保鲜度的目的，如食品集聚的鹿特丹港，花卉进出口中心阿姆斯特丹－斯希波尔飞机场，专门从事经营水果批发的弗拉辛港等世界著名的农产品物流中心，都因为高效便捷的一体化物流系统而带动了区域农业的发展，从而促进了整个国家的农业经济发展，其系统模式如图3.2所示。

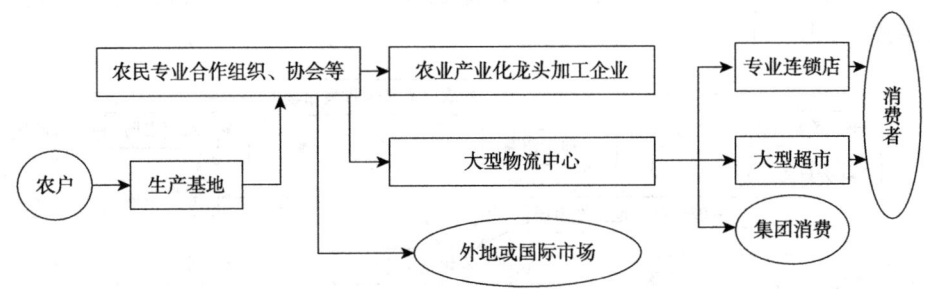

图3.2　以一体化物流系统为主导的农产品供应链模式

该种农产品供应链模式是以一体化物流系统为主导，以物流系统为纽带将供应链链条前后端企业联结在一起，形成规模效应。由于电子商务利用互联网技术更加全面、及时地将农产品的市场信息传递给农产品供应链上的各个企业，为它们搭建了一个集生产、流通和市场交易于一体的信息平台，帮助链上企业实现农业产业信息流、价值流与物流的统一，完善农业产业信息链、价值链与供应链各个链条，因此越来越多的流通组织选择进行组织内部机构重组，采用先进的电子商务信息平台来完善自身物流体系，以达到实现同时高效服务多个供应链前后端企业的目的，增强广西农产品供应链自身的承载能力，从而增强了供应链系统的整合能力。

3.6 广西农产品供应链问题分析

农产品供应链不仅涉及农产品运输本身，还关乎采购、包装、储运、流通加工、分销等方面。因此，农产品供应链是一个系统工程。当前，广西农产品供应链还处于比较落后的状况，农产品供应链的现有水平还不能完全满足当前广西经济发展的需要，主要体现在如下几个方面。

（1）农产品物流专业化程度偏低，规模化程度偏低。

目前，广西农产品物流主要采用自营物流的方式。处于流通环节的合作组织不发达，从事贩运的商户多处于分散经营的状态。合作组织的不发达，会造成流通企业无法进行农产品的"品牌化"营销。目前大部分流通中的农产品还属于未经加工包装的初级产品，这样就造成了农产品附加值低、销售价格低，从而导致农民收入偏低，同时在运送途中农产品的损耗也较高。此外，由于物流专业化程度不高，规模化程度偏低，就造成了运输设备的浪费。

广西现在从事专业的第三方农产品物流组织很少，一般第三方物流公司采取兼营农产品的方式。大多数农产品物流组织的规模小，组织化程度低，管理水平落后，现代化程度不高，辐射带动能力不强，导致专业化发展受到限制，物流效益难以提高，在一定程度上制约了广西农产品供应链的发展。

（2）物流技术比较落后，农产品总体质量较低。

农产品与工业品不同，是有生命的动物性与植物性产品，在物流过程中包装难、装卸难、运输难、仓储难。农产品物流要求较高。一是季节性生产要求物流的及时性，二是为保证安全必须实施农产品绿色物流，三是要满足一些农产品的特种物流方式，如水产品的冷链运输、分割肉的冷藏运输、牛奶等制品的恒温运输等，一些农产品的进出口物流还必须达到国际标准。

分级包装、储存保鲜、冷链运输技术是目前影响农产品供应链的突出问题之一。"新鲜"是鲜活农产品的生命和价值所在，但由于鲜活农产品的含水量高、保鲜期短、容易腐烂变质，因此对运输效率和仓储运输过程中的保鲜技术要求比较高，而相应的配套运输设备和加工设备却远远没有达到要求。

物流主要以常温物流或自然物流为主，没有形成连贯成型的冷链物流，而且存在着不合理的包装、运输、储存现象，致使农产品在物流过程中的损失很大。美国埃森哲咨询公司 2006 年公布的数字表明，我国每年有大约有不低于 750 亿美元的食品在传统运输环节中腐烂变质。而在美国，农产品在采后保持生理需要的低温状态并形成一条冷链：田间采后预冷→冷库→冷藏车运输→批发站冷库→超市冷柜→消费者冰箱。因此水果蔬菜在物流环节的损耗率仅为1%~2%。有数据统计表示，广西水果蔬菜等农副产品在采摘、运输、储存等物流环节上的损失率为25%~30%，相比之下，广西乃至全国的蔬菜水果在物流环节的损耗是惊人的。

（3）农产品的质量安全体系不健全，未完全与国际接轨。

在一些主要的发达国家，农产品质量管理体制的重要特点都是注重对农产品实施"从农田到餐桌"的全程管理。一般而言，都会以农业部为主导部门，同时设立多个部门联合对全国内的各种农产品进行监督管理。以美国为例，美国参与农产品安全管理的有三个部门，包括美国农业部、食品和药品管理局和美国国家环境保护机构，三个部门各司其职、协同管理。此外，发达国家和地区的农产品质量安全法律法规体系健全，美国关于农产品安全的法令主要有5种，加拿大有9种，而欧盟有20多种，其中涉及各类农产品。发达国家对于农产品的质量标准制定得非常详细，而且随着市场要求不断地进行修正，如欧盟现有的技术指标超过10万个，涉及农产品的约占1/4，其中农残限量标准达到17 000项，而我国远远达不到这些标准。我国现行的《中华人民共和国食品卫生法》，仅对104种农药在粮食、水果、蔬菜、肉等45种食品中规定了允许的残留量，共有291个指标。不仅如此，质量监管体系的不完善，同时也使得产前、产中、产后的农药等辅助生产资料的合格率不高。假冒伪劣产品、高毒、剧毒农药仍占农药使用量的50%左右，这样严重威胁到农产品的安全。质量上体系的不完善，与国际标准的不一致，导致的一个严重的后果就是，我国农产品的出口国极易设置技术贸易壁垒，从而降低我国农产品的出口量。

（4）供应链管理成本偏高，效益低。

从总体上说，农产品是一种低附加值产品。其利润低，但对物流要求高。农产品配送投资大，技术管理难度大，运营成本高。而若供应链管理技术比较落后，物流过程中产品消耗量大，则将对社会资源造成极大的浪费。而同时，农产品容易腐烂的特性对于道路交通状况和产销的信息对称要求也比较高。而目前，在广西农产品产销信息平台还不健全的条件下，加之广西道路交通状况也不乐观，导致农产品在运输过程中的腐烂较多，因此进一步增加了供应链管理成本，经济效益偏低。目前，广西农产品供应链配送已经成为制约鲜活农产品经营的瓶颈。

此外，我国在公共设施投入中主观随意性较大，且设施投入比较分散，缺乏统一性的设施建设规划，从而公共设施投入报酬率明显低于发达国家和地区。由于鲜活农产品的生物特性，发达国家特别重视冷藏、加工和包装环节的改进。为了提高鲜活农产品的附加值，使鲜活农产品销售过程合理化，提高效率，日本、美国等建立了一批加工厂、预冷库、冷藏库、运输中心、地方批发市场、超级市场、商店等，并在本国大中城市的中央批发市场建立了分支机构。利用农民协会、生鲜协会、渔业协会的组织系统及拥有的保鲜、加工、冷藏、运输、信息网络等现代化优势，将农民生产的农产品集中起来，进行统一销售。例如，在容易变质腐败的水产品上，大量运用冷冻设施和低温运输系统，由此实现了水产品长期保鲜。同时日本普遍采用鲜活农产品从预冷、整理、储藏、冷冻、运输等规范配套的流通方式，产后的商品化处理几乎达到 100%。而在我国，农产品物流是以常温物流或自然形态物流形式为主，缺乏冷冻冷藏设备和技术，且标准化较低，包装简陋，各类加工设施欠缺，使农产品在物流过程中损失很大。

（5）农产品加工流通有待进一步发展。

发达国家农产品产值与农产品加工产值之比为 1∶4~1∶3，而中国则为 1∶1 或稍多一些。水果经过采后储藏加工，国外增值比例为 1∶3.8；我国是 1∶0.8。我国农产品采后商品化处理率为 1%，保鲜储藏比例不足 20%，加工比例不到 10%。

目前，广西农产品加工流通的发展仍处于起步阶段，加工流通程度还比较低。主要表现在：加工流通企业的整体素质不高、加工水平和技术装备与国外先进水平相比有较大差距、农产品加工的机械化程度还较低、产业集中度不高、企业的国际竞争能力普遍较弱等。同时，农产品加工制品质量标准体系不健全。一些产品的农药、兽药残留超标，ISO9000、ISO14000 等质量标准体系和良好操作规范（good manufacturing practices，GMP）、HACCP（hazard analysis critical control point，危害分析与关键点控制）的认证率还较低，且没有建立有效的质量可追溯制度，难以与国际接轨。

3.7 本章小结

本章在分析广西区位优势、农业概况、农产品生产现状的基础上，分析了广西农产品供应链的流通特点和现行模式，分析了广西农产品供应链存在的问题。主要内容包括以下几个方面。

（1）针对广西区位优势、农业概况和农产品生产现状，提出了广西农产品供应链的流通特点，主要包括：农产品生产规模增大，产量增加，流通需求加大；农产品商品产值增加，商品率稳中有升，农产品市场交易日益繁荣；农产品市场建设已具规模，流通设施及条件逐步完善；农产品流通组织呈现多元化趋势，农民流通组织的作用越来越明显等。同时，从两个方面（以加工型龙头企业为核心和以一体化物流系统为主导的农产品供应链模式）分析了广西农产品供应链的现行模式。

（2）总结了当前广西农产品供应链存在的问题，主要包括：农产品物流专业化程度偏低，规模化程度偏低；物流技术比较落后，农产品总体质量较低；农产品的质量安全体系不健全，未完全与国际接轨；供应链管理成本偏高，效益低；农产品加工流通有待进一步发展等。

4 农产品供应链系统稳定性测度方法

4.1 问题的提出

在信息技术的推动下,随着市场不确定性增加、客户需求的快速转变、产品生命周期缩短等竞争环境的不断变化,企业实施供应链管理来获取更强的柔性和更快的市场应变能力。成功的供应链取决于所有参与成员的集成和协同,以形成一种有效的网络结构,降低运作成本和快速响应客户需求。Simchi-Levi 等(2003)提出供应链设计是供应链管理的基本决策之一,它影响着供应链管理的其他所有决策,对供应链的投资报酬、整体绩效等方面都有广泛影响。Li 等(2010)认为供应链设计与每个供应链阶段的战略决策有关,如成员数目与能力、节点位置等,供应链设计是供应、制造和需求等子系统的集成配置。

从美国著名学者 Lee 等(2015)研究发现供应链"牛鞭效应"开始,对于供应链稳定性及其测度的研究,引起了国内外学者的广泛关注,逐渐成为供应链管理领域的热点问题之一。早期的研究集中在单级供应链与特定客户群的需求问题、多级供应链与特定客户的需求(如自回归移动平均算法)问题和确定的订货策略(如订货点策略)等。近期对于供应链稳定性诊断与测度有了最新研究成果。Zanjani 等(2010)研究在随机条件下产品制造的鲁棒性规划;Wang 等(2011)研究绿色供应链网络鲁棒性设计及其多目标优化方法;Baghalian 等(2013)在不确定环境下研究了一个多产品供应链的随机数据模型,并以农产品供应链为例,通过整数非线性规划方法,实证分析了其稳定性优化问题;徐家旺等(2007)建立了顾客需求不确定环境下一类同时具有再分销、再制造和再利用的闭环供应链动态运作的鲁棒线性优化模型;胡丹丹和杨超(2008)根据不同情景下处理截流问题中流量的不确定性,结合随机优化和鲁棒优化,提出 α-鲁棒随机截流选址模型;陈兆波等(2011)建立了一个由多个供应商和多个零售商组成的供应链网络动态模型,利用定量手段刻画制造商与制造商间、零售商与零售商间博弈的动态行为过程,并在单调性条件下利用动态投影系统的相关理论分析了模型的鲁棒稳定性。田俊峰等（2012）建立了从上游供应商选择到下游设施选址-需求分配的供应链网络设计鲁棒优化模型，提出了确定遗憾值限定系数上限和下限的方法，设计了供应链节点配置的禁忌搜索算法。从以上研究中发现，当前对供应链稳定性的研究集中在降低"牛鞭效应"、非线性规划控制方法、网络鲁棒性模型等问题，但这些文献在解决供应链网络的稳定性问题时，没有考虑其多级排队特征。Meyn（2007）在研究复杂网络建模与控制技术时，提出供应链是一种多级排队网络系统，且多级排队网络是处理复杂动态网络建模的有效工具。多级排队网络系统具有稳定性，其研究方法从流体模型开始，历经参数方程、随机过程、李雅普诺夫函数等方法，有的文献研究还针对具有区间灰色时滞特征的供应链建模及其稳定性控制的难题，建立了具有区间灰色时滞特征的供应链多层模型系统，并提出一种使用李雅普诺夫函数方法研究多层供应链结构的稳定性问题，获取了一个有效且实用的稳定性判据，这些文献缺乏对多级排队区间灰色供应链系统的研究。在供应链系统中，具有区间灰色特征的稳定性问题是供应链管理领域的重要研究方向之一，具有较强的理论意义和实践意义，并且关于此类问题的研究，是管理领域和控制领域的一种交叉研究，是供应链管理研究的一个新领域。

同现有国内外研究文献相比，本章重点研究应用多级排队网络理论分析具有区间灰色特征的农产品供应链系统，并进一步探讨具有该类特征的农产品供应链系统的稳定性测度方法，以达到优化农产品供应链网络，实现低成本、高效率的供应链管理。

4.2 农产品灰色多级排队供应链系统

本章使用的符号和表达式说明如下。K、J 分别表示组成一个农产品多级排队网络 (α,μ,P,C,π) 的工作级数和工作站数；$\alpha_k(n)$、$\mu_k(n)$ 分别表示第 $k \in \{1,2,\cdots,K\}$ 级各工作的到达率和服务时间间隔，且 $\alpha_k(n)>0$，$\mu_k(n)>0$，$n=1,2,\cdots$；$C=(C_{j\times k})$ 表示该多级排队网络的服务矩阵，当且仅当 $c(k)=j$ 时，$C_{j\times k}=1$，否则 $C_{j\times k}=0$；$C(j)=\{k\in[1,2,\cdots,K]:c(k)=j\}$ 表示在第 $j=[1,2,\cdots,J]$ 个工作站所有工作的服务时间；ϕ^k 表示一个 K 维伯努利随机变量，代表一个 k 级工作的工作路径，e^k 表示空间 $\mathbb{R}^K$ 上的第 k 个标准基向量，当 $\phi^k(n)=e^k$ 时表示工作完成，当 $\phi^k(n)=0$ 时表示工作离开网络；P_{kl} 表示网络中第 k 级工作转换成第 l 级工作的概率，则 $1-\sum_{l=1}^{K}P_{kl}$ 表示第 k 级工作服务完成后离开网络的概率；$R(n)$ 表

示处理过程，$T_k(t)$ 表示在 $[0,t]$ 内 $c(k)$ 所用时间的累积量，$T_k(t)$ 受工作分派过程的影响，即 $T:=\{T(t),t>0\}$，且 T 受服务规则 π 的影响；$S_k(T_k(t))$ 表示 t 时刻 k 级服务完成的客户数目，$R_k^l(S_l(T_l(t)))$ 表示在 $[0,t]$ 内从 l 级到 k 级的 l 级客户数目，$Q_k(t)$ 表示 t 时刻 k 级网络的队长；$\odot$、$\boldsymbol{a}(\odot)$、$\boldsymbol{A}(\odot)$、$\tilde{\odot}$、$\boldsymbol{a}(\tilde{\odot})$ 和 $\boldsymbol{A}(\tilde{\odot})$ 分别表示一个灰色数、灰色向量、灰色矩阵、白化数、白化向量和白化矩阵。

当农产品多级排队网络中 J 个工作站的缓冲能力无限时，多级排队网络的初始累积量 (E,S,R) 与初始增量 (α,μ,ϕ) 之间有下列各式成立：

$$E_k(t):=\max\{n\in\mathbb{Z}_+:\alpha_k(1)+\alpha_k(2)+\cdots+\alpha_k(n)\leq t\} \quad (4.1)$$

$$S_k(t):=\max\{n\in\mathbb{Z}_+:\mu_k(1)+\mu_k(2)+\cdots+\mu_k(n)\leq t\} \quad (4.2)$$

$$R^k(n):=\sum_{i=1}^{n}\phi^k(i) \quad (4.3)$$

在 t 时刻，多级排队网络系统的队长为

$$Q_k(t)=Q_k(0)+E_k(t)+\sum_{l=1}^{k}R_k^l(S_l(T_l(t)))-S_k(T_k(t)) \quad (4.4)$$

van Landeghem 和 Vanmaele（2002）和 Schönlein 等（2013）实证分析了一种多级排队动态供应链系统的稳定性，对于具有灰色区间特征的该类供应链也同样适用，因此，本章研究的农产品灰色多级排队供应链网络系统，如图 4.1 所示。

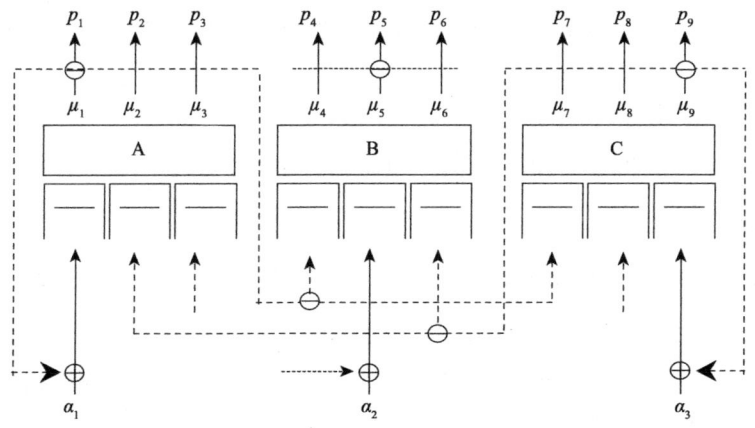

图 4.1　一种农产品灰色多级排队供应链网络系统的结构

在图 4.1 所示的农产品供应链网络系统结构中，表示一种产品由三种不同类型的原材料经过三个不同的地域完成，即三种不同类型的原材料 α_1、α_2 和 α_3 经过三个不同地域 A、B 和 C，并在地域 A 执行最后生产形成该产品，该产品完成满足地域 A、B 和 C 的需求，且 $\mu_k(n)(n\in[1,9])$ 和 $\alpha_k(n)(n\in[1,3])$。

定义1 假设该系统的服务规则为 π，当矩阵 $\boldsymbol{P}(\odot)$、$\boldsymbol{C}(\odot)$ 和向量 $\boldsymbol{\alpha}(\odot)$ 中至少有一个具有灰色区间特征时，那么该供应链系统为具有区间特征的灰色多级排队供应链网络，由 $(\boldsymbol{\alpha}(\odot),\mu(\odot),\boldsymbol{P}(\odot),\boldsymbol{C}(\odot),\pi)$ 表示，整个供应链系统的工作用 $Q(\boldsymbol{\alpha}(\odot),\mu(\odot),\boldsymbol{P}(\odot),\boldsymbol{C}(\odot),\pi)$ 来表示，简记为 $Q(\odot)$，根据式（4.4），灰色多级网络排队系统表达为

$$Q(\odot)_k(t) = Q_k(0) + E(\odot)_k + \sum_{l=1}^{k} R(\odot)_k^l \left(S(\odot)_l (T_l(\odot)) \right) - S(\odot)_k (T_k(\odot)) \quad (4.5)$$

4.3 供应链稳定性的测度方法

对于式（4.5）灰色多级排队供应链系统，在到达率和工作站服务能力不确定的情况下，农产品供应链稳定性的定义如下。

定义2 对于任意 $Q(\odot)$，如果存在 $t \geq 0$ ($\|Q(0)\|=1$)，使得系统在 t 之后 $Q(\odot) \equiv 0$，那么该灰色供应链系统 $(\boldsymbol{\alpha}(\odot),\mu(\odot),\boldsymbol{P}(\odot),\boldsymbol{C}(\odot),\pi)$ 是稳定系统，且具有鲁棒性。

为了分析在 π 规则下 $(\boldsymbol{\alpha}(\odot),\mu(\odot),\boldsymbol{P}(\odot),\boldsymbol{C}(\odot))$ 的稳定性，引入扰动量因子 $\Delta \in \mathbb{R}_+^K$，形成扰动性网络系统 $(\boldsymbol{\alpha}(\odot),\mu(\odot),\boldsymbol{P}(\odot),\boldsymbol{C}(\odot),\pi,\Delta)$。用 γ 测度 Δ 的大小，此时 $\lambda \in \mathbb{R}_{>0}^K$，用范数 $\|x\|_\gamma := \sum_{k=1}^{K}|\gamma_k x_k|$ 测度 γ 值。$\mathbb{R}_{>0}^K$ 表示的范围是 $\mathbb{R}_{>0}^K = \{x \in \mathbb{R}_+^K : x_i > 0, \forall i = 1,2,\cdots,K\}$。当 $x \in \mathbb{R}^K$ 且 $r > 0$ 时，$B_\gamma(x,y) := \{y \in \mathbb{R}^K : \|x > y\|_\gamma < r\}$。

定义3 当 γ 是已固定值，灰色供应链系统 $Q(\odot)$ 的稳定性半径为

$$r_\gamma(Q(\odot)) = \inf\{\|\Delta\|_\gamma\} \quad (4.6)$$

在式（4.6）中，权值 γ 的稳定性半径则作为 $Q(\odot)$ 稳定性的测度指标。

根据式（4.6），稳定性半径 r_γ 的上界 r_γ^0 为

$$r_\gamma^0(Q(\odot)) := \inf\{\|\Delta\|_\gamma : \rho(\Delta) < e\} \quad (4.7)$$

在式（4.7）中，$\rho(\Delta)$ 是 $Q(\boldsymbol{\alpha}(\odot),\mu(\odot),\boldsymbol{P}(\odot),\boldsymbol{C}(\odot),\Delta)$ 受扰动量 Δ 影响的载荷量。本章分别分析 $\boldsymbol{\alpha}(\odot)$ 和 $\mu(\odot)$ 的扰动对系统 $Q(\odot)$ 稳定性的影响，并研究系统 $Q(\odot)$ 的稳定性的测度方法。

4.3.1 受 $\alpha(\odot)$ 扰动的稳定性分析

在图 4.1 所示的供应链网络系统中，当工作站服务能力 $\mu(\odot)$、概率矩阵 $P(\odot)$ 和服务时间矩阵 $C(\odot)$ 固定时，达到率 $\alpha(\odot)$ 呈波动性变化，因此该系统的稳定区间是随到达率 $\alpha(\odot)$ 在 $\Delta=\mathbb{R}_+^K$ 上单调变化，即研究系统 $(\alpha(\odot)+\Delta, \mu(\odot), P(\odot), C(\odot))$ 的稳定性是根据 Δ 的波动性。该系统扰动量 Δ 影响的载荷量 $\rho(\Delta)$ 为

$$\rho(\Delta) = C(\odot)M(\odot)^{-1}\left(1 - P(\odot)^T\right)(\alpha(\odot) + \Delta) \tag{4.8}$$

在式（4.8）中，$M(\odot) = \mathrm{diag}(\mu(\odot))$。根据式（4.8），该农产品灰色多级排队供应链网络系统的稳定性半径可以表达为

$$r_\gamma^0(Q(\odot)) = \min\left\{\|\Delta\|_\gamma : \Delta \in \mathbb{R}_+^K \text{ 且 } \rho(\Delta) \geq e\right\} \tag{4.9}$$

为简化式（4.9）计算，假设在该系统的工作站数 J 中至少有一个 j，在 $\Delta \in \mathbb{R}_+^K$ 上也至少有一个载荷量为 $\rho_j(\Delta)$，那么此时：

$$\max_{j=1,2,\cdots,J} \rho_j(\Delta) \geq 1 \tag{4.10}$$

根据式（4.10），系统的稳定性半径 $r_\gamma^0(\alpha(\odot)+\Delta, \mu(\odot), P(\odot), C(\odot))$ 转化为式（4.11）最优值的计算：

$$\begin{cases} \min Z = \gamma^T \Delta \\ \max_{j=1,2,\cdots,J} \rho_j(\Delta) \geq 1 \\ \Delta \geq 0 \end{cases} \tag{4.11}$$

求解式（4.11）可得当灰色多级排队供应链网络系统仅受 $\alpha(\odot)$ 扰动影响时，其稳定性半径为

$$r_\gamma(\mu(\odot)) = \min_{j=1,2,\cdots,J} \left[\frac{1-(N(\odot)\alpha(\odot))_j}{\max_{k=1,2,\cdots,K} \gamma_k^{-1} N(\odot)_{jk}}\right] \tag{4.12}$$

在式（4.12）中，$N(\odot) = C(\odot)M(\odot)^{-1}\left(1-P(\odot)^T\right)^{-1}$。

4.3.2 受 $\mu(\odot)$ 扰动的稳定性分析

在分析系统受 $\alpha(\odot)$ 的扰动之后，假设到达率 $\alpha(\odot)$、概率矩阵 $P(\odot)$ 和服务时间矩阵 $C(\odot)$ 固定时，工作站服务能力 $\mu(\odot)$ 呈波动性变化，因此该系统的稳

定区间是随到达率 $\mu(\odot)$ 在 δ 上单调变化，$\delta \in [0, \max \mu(\odot)]$，即研究系统 $(\boldsymbol{\alpha}(\odot), \mu(\odot)-\delta, \boldsymbol{P}(\odot), \boldsymbol{C}(\odot))$ 的稳定性是根据 δ 的波动性，此时服务能力矩阵和额定载荷量分别为

$$M(\delta) = \text{diag}[\mu(\odot)-\delta] \tag{4.13}$$

$$\rho(\delta) = \boldsymbol{C}(\odot) M(\delta)^{-1} [1 - \boldsymbol{P}(\odot)^{\text{T}}] \boldsymbol{\alpha}(\odot) \tag{4.14}$$

根据式（4.13）和式（4.14），系统的稳定性半径为

$$r_\gamma^0 Q(\odot) = \min\left\{\|\delta\|_\gamma : 0 \leqslant \delta < \max \mu(\odot), \max_{j=1,2,\cdots,J} \rho_j(\delta) = 1\right\} \tag{4.15}$$

同式（4.9）的简化原理相似，将式（4.15）转化为式（4.16）最优值的计算。

$$\min Z' = \gamma^{\text{T}} \delta$$

$$\begin{cases} \max\limits_{j=1,2,\cdots,J} \rho_j(\delta) = 1 \\ \Delta \leqslant \delta < \max \mu(\odot) \end{cases} \tag{4.16}$$

4.3.3 同时受 $\boldsymbol{\alpha}(\odot)$ 和 $\mu(\odot)$ 扰动的稳定性分析

同时受到达率 $\boldsymbol{\alpha}(\odot)$ 和服务时间间隔 $\mu(\odot)$ 扰动影响，此时灰色多级排队供应链网络系统为 $(\boldsymbol{\alpha}(\odot)+\Delta, \mu(\odot)-\delta, \boldsymbol{P}(\odot), \boldsymbol{C}(\odot))$，扰动量 Δ 和 δ 的取值范围分别为 $\Delta \in \mathbb{R}_+^K$，$0 \leqslant \delta < \max \mu(\odot)$。系统的载荷量为

$$\rho(\Delta, \delta) = \boldsymbol{C}(\odot) M(\delta)^{-1} \left(1 - \boldsymbol{P}(\odot)^{\text{T}}\right)(\boldsymbol{\alpha}(\odot) + \Delta) \tag{4.17}$$

根据式（4.17），同时受到达率 $\boldsymbol{\alpha}(\odot)$ 和服务时间间隔 $\mu(\odot)$ 扰动影响时系统的稳定性半径为

$$r_\gamma^0(Q(\odot)) = \min_{j=1,2,\cdots,J} \min\left\{\|\Delta\|_\gamma + \|\delta\|_\gamma : \rho_j(\Delta, \delta) = 1\right\} \tag{4.18}$$

同式（4.9）和式（4.16）的简化原理相似，将式（4.18）转化为式（4.19）最优值的计算：

$$\min Z'' = \gamma^{\text{T}}(\Delta + \delta)$$

$$\begin{cases} \max\limits_{j=1,2,\cdots,J} \rho_j(\Delta, \delta) = 1 \\ \Delta \leqslant \delta < \max \mu(\odot) \\ \Delta \geqslant 0 \end{cases} \tag{4.19}$$

4.4 方法应用与结果分析

4.4.1 方法应用

农产品供应链系统在实际运行中具有复杂网络的特征，多级排队网络建模方法是处理复杂网络系统的有效工具。本章研究的供应链系统的稳定性测度方法以图 4.1 所示的农产品供应链系统为分析对象，设 $t=0$（天）时刻时具体的参数设置如下。

供应链系统的初始值 $\boldsymbol{Q}(0) = [1\ 3\ 2\ 0\ 0\ 0\ 0\ 0\ 0]^T$

系统的服务矩阵 $\boldsymbol{C} = \begin{bmatrix} 1 & 0 & 0 & 0 & 1 & 0 & 0 & 0 & 1 \\ 0 & 1 & 0 & 1 & 0 & 1 & 0 & 1 & 0 \\ 0 & 0 & 1 & 0 & 0 & 0 & 1 & 0 & 0 \end{bmatrix}$

转换矩阵 $\boldsymbol{P} = \begin{bmatrix} 0.25 & 0 & 0 & 0 & 0.39 & 0 & 0 & 0 & 0.05 \\ 0 & 0.45 & 0 & 0.28 & 0 & 0.34 & 0 & 0.1 & 0 \\ 0 & 0 & 0.2 & 0 & 0 & 0 & 0.18 & 0 & 0 \\ 0 & 0 & 0 & 0 & 0 & 0 & 0 & 0 & 0 \\ 0 & 0 & 0 & 0 & 0 & 0 & 0 & 0 & 0 \\ 0 & 0 & 0 & 0 & 0 & 0 & 0 & 0 & 0 \\ 0 & 0 & 0 & 0 & 0 & 0 & 0 & 0 & 0 \\ 0 & 0 & 0 & 0 & 0 & 0 & 0 & 0 & 0 \\ 0 & 0 & 0 & 0 & 0 & 0 & 0 & 0 & 0 \end{bmatrix}$

达到率 $\boldsymbol{\alpha}(\odot)$ 的上限和下限矩阵分别为 $\overline{\boldsymbol{\alpha}} = [4.2\ 6.8\ 5.3\ 0\ 0\ 0\ 0\ 0\ 0]^T$，$\underline{\boldsymbol{\alpha}} = [1.2\ 3.3\ 2.6\ 0\ 0\ 0\ 0\ 0\ 0]^T$。工作站服务能力 $\mu(\odot)$ 的上限和下限矩阵分别为 $\overline{\boldsymbol{\mu}} = [8.7\ 9.4\ 7.2\ 8.5\ 7.8\ 6.7\ 2.8\ 3.3\ 7.6]^T$，$\underline{\boldsymbol{\mu}} = [4.1\ 6.5\ 4.3\ 2.6\ 5.4\ 3.9\ 0.7\ 1.2\ 6.4]^T$，$\Delta = 1.2$，$\delta = 1.4$。

在灰数或灰色矩阵的计算过程中，不能直接输入，而是将其进行转化，转化的方法主要有两种：第一种方法是根据灰数覆盖的运算方法，将求解转化为两组运算的组合。以 $\boldsymbol{\alpha}(\odot)$ 为例来说明符号的表示，记 $\overline{D}[\boldsymbol{\alpha}(\odot)] = [a^-, a^+]$ 是灰数 $\boldsymbol{\alpha}(\odot)$ 的覆盖区间，其中 a^- 和 a^+ 分别是灰数覆盖的最小和最大取值。第二种方法是借用标准灰数的思想进行求解，即将灰数运算转化为实数运算。还以 $\boldsymbol{\alpha}(\odot)$ 为例来说明符号的表示，记 $\bar{D}[\boldsymbol{\alpha}(\odot)]=[a^-,a^+]$，则灰数 $\boldsymbol{\alpha}(\odot)$ 转化为标准灰数为 $\tilde{a}=a^-+\tau_\alpha(a^+-a^-)$，其中 τ_α 为灰数 $\boldsymbol{\alpha}(\odot)$ 的单位灰数，τ_α 的取值满足 $\tau_\alpha \in [0,1]$，τ_α 也可以视为调节变量。

本章选择第二种方法，设达到率 $\boldsymbol{\alpha}(\odot)$ 的 $\tau_\alpha=0.3$，工作站服务能力 $\mu(\odot)$ 的 $\tau_\mu=0.6$。此时 $\boldsymbol{\alpha}(\tilde{\odot})=[2.10\ 4.35\ 3.41\ 0\ 0\ 0\ 0\ 0\ 0]^T$，$\boldsymbol{\mu}(\tilde{\odot})=[6.86\ 8.24\ 6.04\ 6.14\ 6.84\ 5.58\ 1.96\ 2.46\ 7.12]^T$。

根据以上参数数据，使用 Matlab 7.0 计算在供应链系统连续运行 4 周，即 $t'=28$（天）过程中，$p_1 \sim p_9$ 各个输出端口的每天库存量水平（用 V 表示，单位是百个）在不受扰动（图 4.2）、受到达率 $\boldsymbol{\alpha}(\odot)$ 扰动（图 4.3）、受服务时间间隔 $\mu(\odot)$ 扰动（图 4.4）和同时受到达率 $\boldsymbol{\alpha}(\odot)$ 和服务时间间隔 $\mu(\odot)$ 扰动（图 4.5）的变化状态。为区别图 4.2~图 4.5 中 $p_1 \sim p_9$ 每天库存量变化曲线，p_1、p_4 和 p_7 用实线——表示，p_2、p_5 和 p_8 用-·-·表示，p_3、p_6 和 p_9 用点线……表示。

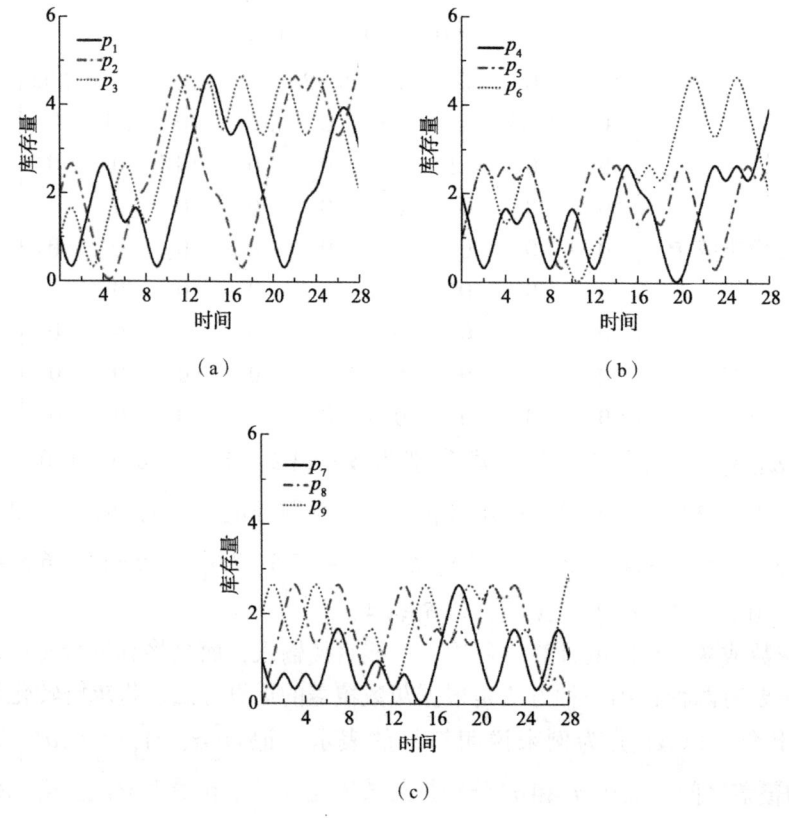

图 4.2 不受到达率扰动时 $p_1 \sim p_9$ 的库存量

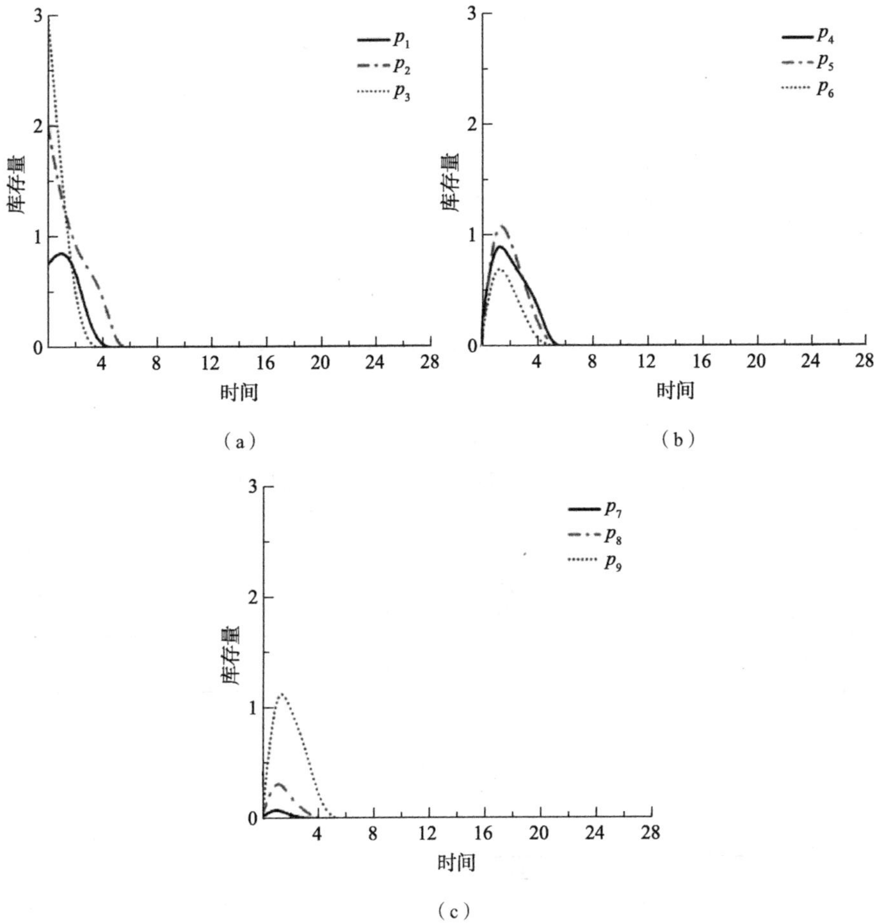

图 4.3 受到达率扰动时 $p_1 \sim p_9$ 的库存量

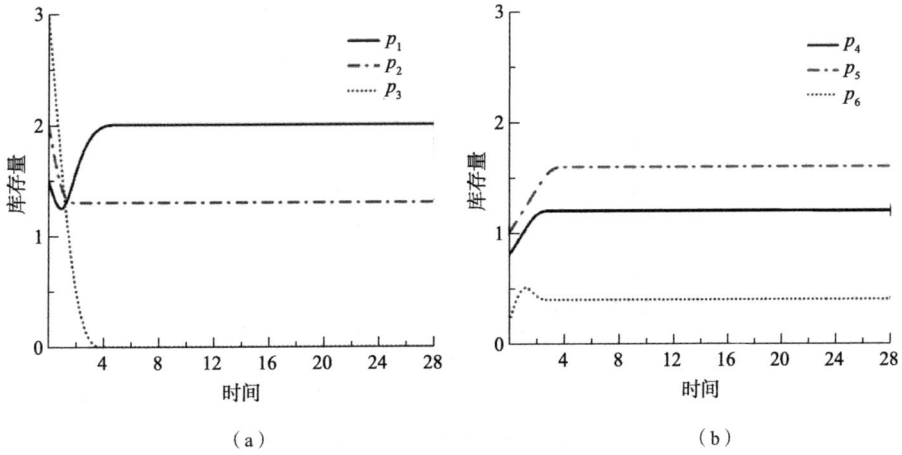

·62· 广西农产品供应链协调机制与管理策略

(c)

图 4.4 受服务时间间隔扰动时 $p_1 \sim p_9$ 的库存量

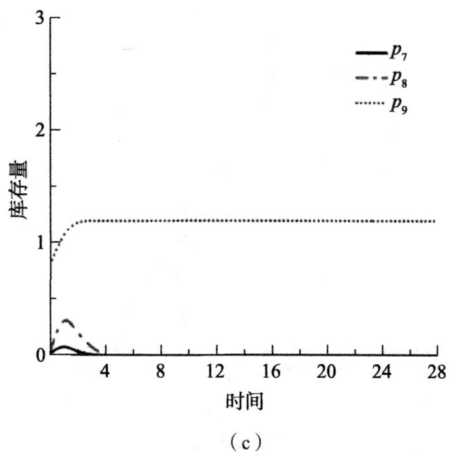

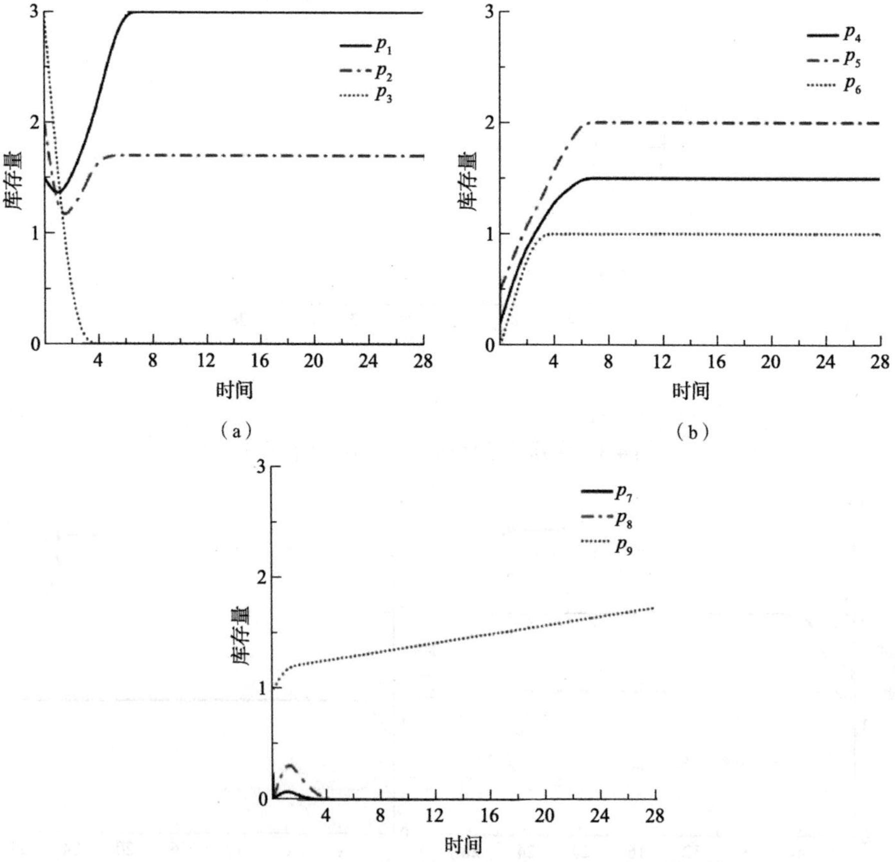

(a)

(b)

(c)

图 4.5 同时受到达率和服务时间间隔扰动时 $p_1 \sim p_9$ 的库存量

4.4.2 结果分析

图 4.2~图 4.5 表示了时段[0,28]供应链系统 p_1 ~ p_9 的库存量在四种不同情况下的变化状态，进行对比分析得出以下几点结论。

（1）在农产品供应链系统不受扰动时，p_1 ~ p_9 各点的库存量波动较大，稳定性较差。

（2）系统受到达率、服务时间间隔或同时受这两个因素扰动时，p_1 ~ p_8 各点的库存量都能快速到达稳定状态，且 p_3、p_7、p_8 的库存量在这三种情况下的变化规律相同，均能快速在第 4 天到达 0。

（3）当系统受服务时间间隔扰动时，虽然都能快速达到稳定状态，但 p_1、p_3、p_9 和 p_4 ~ p_7 各点的库存增加量较大，而在仅受到达率扰动时这些点的库存量都是 0。

（4）当系统受服务时间间隔扰动时，V_1 和 V_3、V_4 ~ V_6 状态变化大致相同，不同的是到达稳定状态的各库存量的大小，且有 $V_1 > V_2$，$V_5 > V_4 > V_6$。

（5）在后三种情况下，V_9 变化出现稍许异常，在受到达率或服务时间间隔单方面因素扰动时，能快速达到稳定状态，受到达率扰动时的库存量是 0，受服务时间间隔扰动时的库存量略有增加；同时受到达率和服务时间间隔扰动时，库存量没有稳定状态，呈缓慢增加趋势，但波动性较小。

通过计算结果的对比分析，可以看出三个不同地域原材料生产的灰色多级排队农产品供应链网络系统通过参数的调整可以快速到达稳定状态，到达稳定状态后因存在相对固定量的库存水平，系统不再受诸如客户需求、生产能力等因素的制约，显示了系统较强的鲁棒性特征。

4.5 本章小结

针对农产品供应链网络系统的稳定性及传统方法的局限性，使用多级排队网络方法解决农产品供应链系统的稳定性问题，该方法为农产品供应链管理的研究提供了一个较新的视角。本章的主要工作如下。

（1）建立了一种具有灰色特征的农产品多级排队供应链网络系统结构及其相应的数学模型；

（2）分别分析了受到达率、服务时间间隔和同时受这两个扰动量影响时，农产品供应链系统稳定性的测度方法；

（3）以广西 3 个不同地域某农产品原材料的多级排队供应链网络链系统为分

析对象，进行了仿真研究，仿真结果表明：对于受到扰动量影响的灰色多级排队供应链系统，均能快速达到稳定状态，且扰动量能改善供应链系统的整体性能，即使出现异常值，该值变化的波动性较小；在稳定状态后因具有相对固定量的库存水平，系统不再受其他因素的制约，显示了较强的鲁棒性特征。

5 制造商主导型农产品双渠道供应链协调决策

5.1 问题的提出

在当今互联网商业化和网络通信技术发达的时代,电子渠道相对于传统销售渠道(实体销售),得到更多制造商的青睐,如惠普(HP)、戴尔(DELL)等许多世界知名企业,它们采取的混合多渠道战略取得了成功。在引入电子渠道之后,零售商面临的不仅是其他零售商的地位、势力及利益取向等方面的直接竞争,更有来自制造商电子渠道的间接竞争。无论是从宏观还是微观的角度来看,完全有必要对供应链整体进行协调与优化。对于制造商双渠道供应链协调问题,国内外学者进行了广泛研究。Yan 和 Pei(2011)等研究了供应链成员各自拥有消费者需求信息时,信息共享对绩效的影响作用。Hua 等(2010)研究指出,交货时间严重影响制造商和零售商的定价决策和利润分配。Gensler 等(2007)认为双渠道供应链各自渠道主要表现为消费者对渠道的忠诚和吸引力。肖剑等(2010)建立了双渠道供应链中成员合作的 Stackelberg 和 Bertrand 博弈模型,分析了批发价、服务水平等对于零售商选择 Stackelberg 和 Bertrand 竞争偏好的影响。徐广业和但斌(2012)结合制造商双渠道供应链的特点,构建了价格折扣模型,并通过算例分析检验了价格折扣协调机制的有效性。王虹等(2011)认为供应商采用网络收益共享契约可以减少双渠道冲突,提高供应链整体效率和实现协调。Seong 和 Hean(2003)构建了数量折扣模型,研究结果表明数量折扣协调可协调双渠道供应链。Yao 和 Liu(2005)认为市场需求受服务水平和双渠道销售价格影响,通过最优价格策略求解,双渠道在某种条件下可以实现共赢。Kunter(2012)分析了双渠道供应链中的合作广告协调策略,得出当零售商分担制造商的合作广告成本时双方能够实现协调。另外,还有文献也具体研究了供应链中电子渠道与传统渠道的冲突与协调问题。国内外相关文献为以后的供应链协调问题研究提供了大量的参考资料和宝贵经验，然而现有文献大多数都是提出单一协调决策，较少同时提出几个协调决策，并将协调结果进行对比分析，因此制造商主导型双渠道供应链协调问题仍需深入研究。

本章在渠道协调与利润最大化的双重约束下，以制造商主导型农产品双渠道供应链为研究对象，采用集中决策、分散决策和不同供应链协调决策模型分析零售商、制造商及供应链整体所获得利润，通过对比不同协调决策模型，研究制造商主导型农产品双渠道供应链协调问题。

5.2　问题描述与模型假设

本章以制造商主导型农产品双渠道供应链为研究对象，结合制造企业具体实际运行情况，分析制造商双渠道供应链协调问题。为简化模型，假设制造商和零售商是同质的，传统零售和电子零售都拥有忠实顾客。制造商主导型农产品供应链是由单一制造商和零售商及终端客户构成，制造商拥有电子直销和传统销售两种渠道，而零售商只拥有一个销售渠道，其结构图如图5.1所示（在图5.1中，虚线表示信息流）。

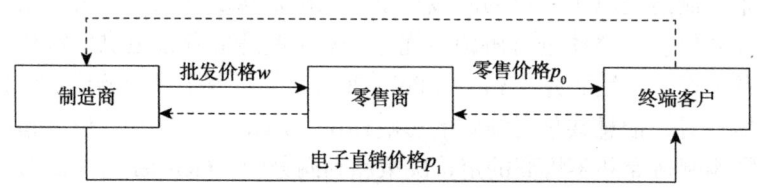

图 5.1　制造商双渠道供应链结构

实际中制造商主导型农产品供应链的市场需求与价格具有一定的随机性，但是为了简化模型，文中的市场需求与价格有一定的线性相关性。制造商给零售商的批发价格 w，传统渠道和电子渠道的定价和需求量分别为 p_0、p_1 和 q_0、q_1，受价格和双渠道影响的双渠道需求函数分别表示如下：

$$q_0 = sa - b_0 p_0 + \alpha_0 p_1 \tag{5.1}$$

$$q_1 = (1-s)a - b_1 p_1 + \alpha_1 p_0 \tag{5.2}$$

其中，a 表示市场的基本需求，s 表示制造商决定的传统渠道供货比例，b_0 和 b_1 表示渠道的价格敏感系数，α_0 和 α_1 表示渠道间竞争系数。为方便计算，令 $\alpha_0 = \alpha_1 = \alpha$，除了制造商的生产成本 c，其他成本忽略不计。零售商和制造商的

利润函数分别为

$$\pi_0 = (p_0 - w)q_0 \quad (p_0 > w) \quad (5.3)$$

$$\pi_1 = (w - c)q_0 + (p_1 - c)q_1 \quad (p_1 > w) \quad (5.4)$$

供应链总利润为

$$\pi = \pi_0 + \pi_1 = (p_0 - c)q_0 + (p_1 - c)q_1 \quad (5.5)$$

5.3 双渠道农产品供应链决策模型

5.3.1 集中决策模型

在农产品供应链集中式决策时，制造商和零售商是一个联盟整体，不考虑自身利益，共同追求供应链整体利润的最大，此时集中式决策供应链利润 π^J（用上标 J 表示）计算式为

$$\pi^J = (p_0 - c)(sa - b_0 p_0 + \alpha p_1) \\ + (p_1 - c)((1-s)a - b_1 p_1 + \alpha p_0) \quad (5.6)$$

由于黑塞矩阵为负定，π^J 是关于 p_0 和 p_1 的联合凹函数。式（5.6）分别求变量 p_0 和 p_1 的一阶偏导数，并令其等于 0，联立方程求得集中决策的最优定价（下文中最优都是用上标"*"表示）分别为

$$\begin{cases} P_0^{j*} = \dfrac{sab_1 + (1-s)a\alpha + c(b_0 b_1 - \alpha^2)}{2(b_0 b_1 - \alpha^2)} \\ P_1^{j*} = \dfrac{sa\alpha + (1-s)ab_0 + c(b_0 b_1 - \alpha^2)}{2(b_0 b_1 - \alpha^2)} \end{cases} \quad (5.7)$$

将式（5.7）代入式（5.6）可得集中决策的供应链最优总利润为

$$\pi^{j*} = \left(\dfrac{sa\alpha + (1-s)ab_0 - c(b_0 b_1 - \alpha^2)}{2(b_0 b_1 - \alpha^2)}\right)\left(\dfrac{(1-s)ab_0 + (\alpha - b_1)cb_0 + \alpha(sa + (\alpha - b_0)c)}{2b_0}\right) \\ + \dfrac{(sa + (\alpha - b_0)c)^2}{4b_0}$$

$$(5.8)$$

5.3.2 分散决策模型

在分散决策的情形中,制造商和零售商只是考虑自身利润的最大化,不考虑整体利润和合作伙伴的利润。制造商占主导地位,根据博弈理论,采用逆向归纳法求解均衡解。因此,分散决策中零售商和制造商的利润 π_0^F、π_1^F(用上标 F 表示)函数分别为

$$\pi_0^F = (p_0 - w)(sa - b_0 p_0 + \alpha p_1) \tag{5.9}$$

$$\pi_1^F = (w-c)(sa - b_0 p_0 + \alpha p_1) + (p_1 - c)((1-s)a - b_1 p_1 + \alpha p_0) \tag{5.10}$$

在式(5.9)中,零售商追求自身利润最大,对 π_0^F 求 p_0 的一阶偏导数并令其等于 0 得

$$p_0^F = \frac{sa + \alpha p_1 + b_0 w}{2 b_0} \tag{5.11}$$

将式(5.11)代入式(5.1)和式(5.2),可得双渠道供应链的需求量为

$$\begin{cases} q_0^F = \dfrac{sa - b_0 w + \alpha p_1}{2} \\ q_1^F = (1-s)a - b_1 p_1 + \dfrac{\alpha(b_0 w + sa + \alpha p_1)}{2 b_0} \end{cases} \tag{5.12}$$

将式(5.12)代入式(5.4)中,分别对 w 和 p_1 求一阶偏导数,令其等于 0,可得分散决策情形下最优批发价格和电子直销价格分别为

$$\begin{cases} w^{F*} = \dfrac{(1-s)a\alpha + sab_1 + c(b_0 b_1 - \alpha^2)}{2(b_0 b_1 - a^2)} \\ p_1^{F*} = \dfrac{sa\alpha + (1-s)ab_0 + c(b_0 b_1 - \alpha^2)}{2(b_0 b_1 - a^2)} \end{cases} \tag{5.13}$$

将式(5.13)代入式(5.11),可得制造商传统渠道的最优零售价格为

$$p_0^{F*} = \frac{(1-s)a\alpha + sab_1}{2(b_0 b_1 - a^2)} + \frac{sa + c\alpha + b_0 c}{4 b_0} \tag{5.14}$$

将式(5.13)、式(5.14)代入式(5.9)、式(5.10),可得分散决策情形下零售商和制造商最优利润为

$$\begin{cases} \pi_0^{F^*} = \dfrac{(sa+(\alpha-b_0)c)^2}{16b_0} \\ \pi_1^{F^*} = \left(\dfrac{sa\alpha+(1-s)ab_0 - c(b_0b_1-\alpha^2)}{2(b_0b_1-\alpha^2)} \right) \\ \qquad \times \left(\dfrac{(1-s)ab_0+(\alpha-b_1)cb_0+\alpha(sa+(\alpha-b_0)c)}{2b_0} \right) \\ \qquad + \dfrac{(sa+(\alpha-b_0)c)^2}{8b_0} \end{cases} \quad (5.15)$$

此时农产品供应链整体的最优利润为

$$\pi^{F^*} = \left(\dfrac{sa\alpha+(1-s)ab_0 - c(b_0b_1-\alpha^2)}{2(b_0b_1-\alpha^2)} \right) \\ \times \left(\dfrac{(1-s)ab_0+(\alpha-b_1)cb_0+\alpha(sa+(\alpha-b_0)c)}{2b_0} \right) \\ + \dfrac{3(sa+(\alpha-b_0)c)^2}{16b_0} \quad (5.16)$$

5.3.3　双渠道农产品供应链协调决策模型

对比式（5.8）和式（5.16）可得集中决策与分散决策最优供应链总利润之差为

$$\Delta \pi = \pi^{J^*} - \pi^{F^*} = \dfrac{(sa+(\alpha-b_0)c)^2}{16b} > 0 \quad (5.17)$$

由式（5.17）可知，供应链总利润最优值等于集中决策下供应链总利润最优值，所以本章协调的目标就是使得分散决策的供应链总利润最优值等于集中决策下供应链总利润最优值。文中选择协调决策的策略分别如下："两部定价合同""批发价格合同""Shapley 值法分配合同"。

1. 两部定价合同

制造商制定两部定价合同（用上标 LNT 表示），即制造商制定批发价格和电子直销价格，那么由式（5.11）知，零售商的最优反应策略为 $p_0^{LNT^*}$ =

$\dfrac{sa + \alpha p_1^{LNT^*} + b_0 w}{2b_0}$。为了使协调后供应链总利润为最优值，令 $p_0^{LNT^*} = p_0^{J^*}$，$p_1^{LNT^*} = p_1^{J^*}$，联立方程组得到两部定价合同下最优批发价格为

$$w^{LNT^*} = \frac{(1-s)a\alpha + sab_1}{2(b_0b_1 - \alpha^2)} - \frac{sa + c\alpha - 2b_0c}{2b_0} \quad (5.18)$$

由此可得，在两部定价合同下零售商和制造商各自利润为

$$\begin{cases} \pi_0^{LNT^*} = \dfrac{(sa + (\alpha - b_0)c)^2}{4b_0} \\ \pi_1^{LNT^*} = \left(\dfrac{sa\alpha + (1-s)ab_0 - c(b_0b_1 - \alpha^2)}{2(b_0b_1 - \alpha^2)} \right) \\ \qquad \times \left(\dfrac{(1-s)ab_0 + (\alpha - b_1)cb_0 + \alpha(sa + (\alpha - b_0)c)}{2b_0} \right) \end{cases} \quad (5.19)$$

2. 批发价格合同

假设制造商制定批发价格合同（用上标 PNT 表示），由于制造商占据主导地位，拥有制定批发价格的主动权。制造商给零售商一定的价格折扣，即 $w^{PNT} = c + k(p_1^{PNT} - c)$，其中（$0 < k < 1$）。采取 Stackelberg 博弈分析，将 w^{PNT} 代入式（5.9）和式（5.10）中，可得批发价格合同下最优零售价格和最优直销价格分别为

$$\begin{cases} p_0^{PNT^*} = \dfrac{(\alpha + b_0k)\left(sa(\alpha + b_0k) + 2(1-s)ab_0 + 2c(b_0b_1 - \alpha^2) + c(b_0k - \alpha)(2b_0k - b_0 - \alpha)\right)}{2b_0\left(4(b_0b_1 - \alpha^2) + 2(b_0k - \alpha)^2\right)} \\ \qquad + \dfrac{(sa + (1-k)b_0c)}{2b_0} \\ p_1^{PNT^*} = \dfrac{c\left(2(b_0b_1 - \alpha^2) + (b_0k - \alpha)(2b_0k - b_0 - \alpha)\right) + sa(\alpha + b_0k) + 2(1-s)ab_0}{4(b_0b_1 - \alpha^2) + 2(b_0k - \alpha)^2} \end{cases}$$

$$(5.20)$$

再令 $p_0^{PNT^*} = p_0^{J^*}$、$p_1^{PNT^*} = p_1^{J^*}$，可得 $k = \dfrac{\alpha}{b_0}$。

将 k 值代入 w^{PNT^*} 中，可得批发价格合同下最优批发价格为

$$w^{PNT^*} = c + \frac{\alpha(p_1^{PNT^*} - c)}{b_0} \quad (5.21)$$

由此可得在批发价格合同下零售商和制造商的最优利润分别为

$$\begin{cases} \pi_0^{\text{PNT}^*} = \dfrac{\left(sa+(\alpha-b_0)c\right)^2}{4b_0} \\ \pi_1^{\text{PNT}^*} = \left(\dfrac{sa\alpha+(1-s)ab_0-c(b_0b_1-\alpha^2)}{2(b_0b_1-\alpha^2)}\right) \\ \qquad\quad \times \left(\dfrac{(1-s)ab_0+(\alpha-b_1)cb_0+\alpha(sa+(\alpha-b_0)c)}{2b_0}\right) \end{cases} \quad (5.22)$$

3. Shapley 值法分配合同

为达到制造商双渠道供应链协调目的，同时使得整体供应链利润最大化，利用 Shapley 值法，对最优整体利润进行分配。设集合 $I=\{1,2,\cdots,n\}$，I 的任意子集合 z 都对应着一个函数 $u(z)$，$i=1,2,\cdots,n$。若满足：

$$\begin{cases} u(\phi)=0 \\ u(z_i \cup z_j) \geq u(z_i)+u(z_j), z_i \cap z_j = \phi, z_i、z_j \in I \end{cases} \quad (5.23)$$

则称 $[I,u]$ 为多人合作对策，u 为对策的特征函数。

用 x_i 表示 I 中成员 i 从合作的最大效益 $u(I)$ 中应得到的利润。在合作 I 的基础上，合作对策的分配用 $x=(x_1,x_2,\cdots,x_n)$ 表示。显然该合作成立必须满足如下条件：

$$\begin{cases} \sum_{i=1}^{n} x_i = u(i) \\ x_i \geq u(i) \end{cases} \quad (5.24)$$

在 Shapley 值法中，联盟成员 i 所得利益分配值为 Shapley 值，通常记为 $\varphi_i(u)$。

$$\varphi_i(u) = \sum_{z \in Z_i} k(|z|)[u(z)-u(z \setminus i)] \quad (5.25)$$

$$k(|z|) = \dfrac{(n-|z|)!(|z|-1)!}{n!} \quad (5.26)$$

其中，$u(z)$ 表示有 z 企业参加时供应链合作的收益，$u(z \setminus i)$ 表示无 z 企业参加时供应链合作的收益，因此 $u(z)-u(z \setminus i)$ 就表示企业 z 对供应链合作做出的贡献。$k(|z|)$ 是加权因子，其大小取决于供应链中合作的企业数。

在利用 Shapley 值法分配总利润时，制造商和零售商都认可 Shapley 值法分配合同。根据 Shapley 值法，制造商和零售商的利润分配值（用上标 S 表示）分

别为

$$\begin{cases} \pi_0^{S^*} = \frac{1}{2}\pi_0^{F^*} + \frac{1}{2}\left(\pi^{J^*} - \pi_1^{F^*}\right) \\ \pi_1^{S^*} = \frac{1}{2}\pi_1^{F^*} + \frac{1}{2}\left(\pi^{J^*} - \pi_0^{F^*}\right) \end{cases} \quad (5.27)$$

由式（5.27）进而求得零售商和制造商的最优利润分别为

$$\begin{cases} \pi_0^{S^*} = \frac{3\left(sa+(\alpha-b_0)c\right)^2}{32b_0} \\ \pi_1^{S^*} = \left(\frac{sa\alpha+(1-s)ab_0-c\left(b_0b_1-\alpha^2\right)}{2\left(b_0b_1-\alpha^2\right)}\right) \\ \qquad \times \left(\frac{(1-s)ab_0+(\alpha-b_1)cb_0+\alpha\left(sa+(\alpha-b_0)c\right)}{2b_0}\right) \\ \qquad + \frac{5\left(sa+(\alpha-b_0)c\right)^2}{32b_0} \end{cases} \quad (5.28)$$

5.3.4 不同协调策略对比

1. 两部定价合同与批发价格合同

经过两部定价合同协调，零售商和制造商的利润变化为 $\Delta\pi_0^{LNT} = \pi_0^{LNT^*} - \pi_0^{F^*} = \frac{3\left(sa+(\alpha-b_0)c\right)^2}{16b_0}$，即零售商在两部定价合同下利润增加了 $\Delta\pi_0^{LNT}$；

$\Delta\pi_1^{LNT} = \pi_1^{LNT^*} - \pi_1^{F^*} = -\frac{\left(sa+(\alpha-b_0)c\right)^2}{8b_0}$，即制造商在两部定价合同下利润减少了 $\left|\Delta\pi_1^{LNT}\right|$。

同理，批发价格合同下零售商的利润增加了 $\frac{3\left(sa+(\alpha-b_0)c\right)^2}{16b_0}$，制造商的利润减少了 $\frac{\left(sa+(\alpha-b_0)c\right)^2}{8b_0}$。两个不同的协调合同策略，使得零售商和制造商增加或减少的利润值是相等的，所以可以认为两部定价合同和批发价格合同在协调制造商主导型双渠道时是等效的。

零售商从合同中获利，而制造商却损失了。为了两部定价合同或批发价格合同的经济性和有效性，两部定价合同或者批发价格合同必须规定：在合同有效期间零售商需向制造商支付固定费用 T。理论上支付固定费用 T 的范围为 $\left(\dfrac{(sa+(\alpha-b_0)c)^2}{8b_0},\dfrac{3(sa+(\alpha-b_0)c)^2}{16b_0}\right)$。当支付固定费用 $T=\dfrac{(sa+(\alpha-b_0)c)^2}{8b_0}$ 表示时，认为制造商从合同中获利为零，两部定价合同或批发价格合同并没有起到任何协调效果；当支付固定费用 $T=\dfrac{3(sa+(\alpha-b_0)c)^2}{16b_0}$ 表示时，认为零售商从合同中获利也为零，两部定价合同或批发价格合同也没有起到协调效果。因此，对于两部定价合同或批发价格合同，更合理支付固定费用 T 范围应为 $\left(\dfrac{(sa+(\alpha-b_0)c)^2}{8b_0},\dfrac{3(sa+(\alpha-b_0)c)^2}{16b_0}\right)$，才可以实现最优协调。此时零售商和制造商的最优利润分别为

$$\begin{cases}\pi_0^{L(P)T^*}=\pi_0^{L(P)NT^*}-T\\ \pi_1^{L(P)T^*}=\pi_1^{L(P)NT^*}+T\end{cases} \tag{5.29}$$

2. 两部定价合同与 Shapley 值法分配合同

经过 Shapley 值法分配合同，零售商和制造商的利润变化为 $\Delta\pi_0^S=\pi_0^{S^*}-\pi_0^{F^*}=\dfrac{(sa+(\alpha-b_0)c)^2}{32b_0}$，即零售商在 Shapley 值法分配合同下利润增加了 $\Delta\pi_0^S$；$\Delta\pi_1^S=\pi_1^{S^*}-\pi_1^{F^*}=\dfrac{(sa+(\alpha-b_0)c)^2}{32b_0}$，即制造商在 Shapley 值法分配合同下利润增加了 $\Delta\pi_1^S$。

供应链双方都接受 Shapley 值法分配合同时，双方利润都增加 $\dfrac{(sa+(\alpha-b_0)c)^2}{32b_0}$，并且供应链总利润可以达到最优值。Shapley 值法分配合同不需要零售商或制造商支付多余费用，而两部定价合同和批发价格合同需要零售商相应地支付固定费用给制造商。在两部定价合同和批发价格合同下，合理的支付固定费用 T 区间为 $\left(\dfrac{(sa+(\alpha-b_0)c)^2}{8b_0},\dfrac{3(sa+(\alpha-b_0)c)^2}{16b_0}\right)$，当支付固定费用

$T=\dfrac{5(sa+(\alpha-b_0)c)^2}{32b_0}$（处于合理支付固定费用区间）表示时，零售商和制造商利润都增加了 $\dfrac{(sa+(\alpha-b_0)c)^2}{32b_0}$，此时认为该三种合同等效；当支付固定费用 T 范围为 $\left(\dfrac{(sa+(\alpha-b_0)c)^2}{8b_0},\dfrac{5(sa+(\alpha-b_0)c)^2}{32b_0}\right)$ 时，认为两部定价合同和批发价格合相对于 Shapley 值法分配合同要更有利于零售商；当支付固定费用 T 范围为 $\left(\dfrac{5(sa+(\alpha-b_0)c)^2}{32b_0},\dfrac{6(sa+(\alpha-b_0)c)^2}{32b_0}\right)$ 时，则认为两部定价合同和批发价格合同相对于 Shapley 值法分配合同要更有利于制造商。因两部定价合同和批发价格合同在本章的问题研究中是等效的，此处略去批发价格合同与 Shapley 值法分配合同的对比。

5.4 数值分析

5.4.1 参数设置

为了进一步说明研究结论的有效性，通过以下两种情形研究零售商、制造商和供应链整体最优利润在农产品供应链协调前后的变化规律。假设市场的基本需求 $a=100\,000$，单位：个，双渠道价格敏感系数 $b_0=150$，$b_1=120$，双渠道间竞争系数 $\alpha=100$，制造商成本 $c=100$，单位：元。

情形 1：支付固定费用 $T=3$，单位：10^6 元，传统渠道供货比例 s 为 0.2~0.9，以步长 0.1 变动。

情形 2：传统渠道供货比例 $s=0.6$，支付固定费用 T 为 3~3.7，单位：10^6 元，以步长 0.1 变动。

5.4.2 计算过程分析

在情形 1 中，零售商、制造商和农产品供应链整体最优利润在集中和分散决策及两部定价合同、批发价格合同和 Shapley 值法分配合同等三种不同合同协调下利润的最优值，单位为 10^6 元，如表 5.1 所示。

表 5.1　传统渠道供货比例 s 变化时利润最优值

s	π^{J*}	π^{F*}	π_0^{F*}	π_1^{F*}	$\pi_0^{L(P)T*}$	$\pi_1^{L(P)T*}$	π_0^{S*}	π_1^{S*}
0.2	36.68	36.58	0.09	36.49	−2.63	39.30	0.14	36.53
0.3	34.64	34.38	0.26	34.12	−1.96	36.60	0.39	34.25
0.4	33.05	32.54	0.51	32.03	−0.96	34.01	0.77	32.28
0.5	31.89	31.05	0.84	30.21	0.38	31.52	1.27	30.63
0.6	31.18	29.91	1.26	28.65	2.04	29.13	1.89	29.28
0.7	30.89	29.13	1.76	27.37	4.04	26.85	2.64	28.25
0.8	31.05	28.71	2.34	26.36	6.38	24.68	3.52	27.53
0.9	31.64	28.63	3.01	25.62	9.04	22.60	4.52	27.13

根据表5.1的模型求解变量值，单独观察传统渠道供货比例 s 变化对不同决策下供应链整体利润最优值影响，零售商和制造商在三种不同合同协调下的最优利润变化。分析传统渠道供货比例 s 变化对不同决策时供应链整体利润最优值影响，如图 5.2（a）所示（图中"★线形"和"△线形"分别表示集中决策、分散决策的供应链整体利润最优值）；供应链成员经三种不同合同协调前后的利润变化情况，如图 5.2（b）和图 5.2（c）所示（图中"□线形"、"○线形"和"◇线形"分别表示供应链协调前利润、两部定价合同和批发价格合同协调后利润、Shapley 值法分配合同协调后利润）。

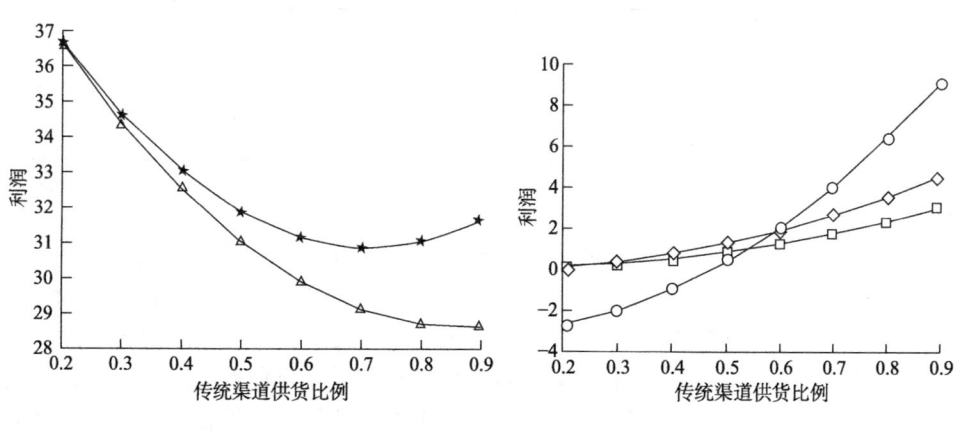

（a）供应链总利润变化　　　　　　　　（b）零售商利润变化

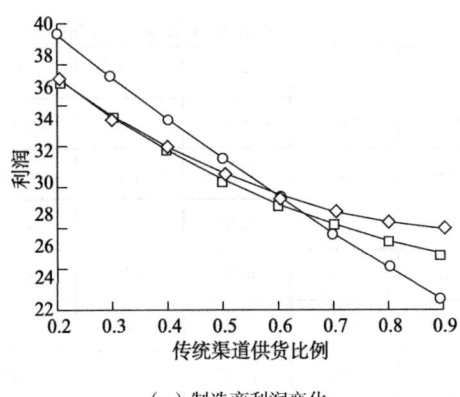

（c）制造商利润变化

图 5.2 s 对不同决策时利润最优值影响结果

在情形 2 中，零售商、制造商和供应链整体最优利润在集中和分散决策及三种不同协调合同下利润的最优值，单位为 10^6 元，如表 5.2 所示。

表 5.2 固定支付费用 T 变化时利润最优值

T	π^{J*}	π^{F*}	π_0^{F*}	π_1^{F*}	$\pi_0^{L(P)T*}$	$\pi_1^{L(P)T*}$	π_0^{S*}	π_1^{S*}
3.0	31.18	29.91	1.26	28.65	2.04	29.13	1.89	29.28
3.1	31.18	29.91	1.26	28.65	1.94	29.23	1.89	29.28
3.2	31.18	29.91	1.26	28.65	1.84	29.33	1.89	29.28
3.3	31.18	29.91	1.26	28.65	1.74	29.43	1.89	29.28
3.4	31.18	29.91	1.26	28.65	1.64	29.53	1.89	29.28
3.5	31.18	29.91	1.26	28.65	1.54	29.63	1.89	29.28
3.6	31.18	29.91	1.26	28.65	1.44	29.73	1.89	29.28
3.7	31.18	29.91	1.26	28.65	1.34	29.83	1.89	29.28

根据表 5.2 的模型求解变量值，同样单独观察固定支付费用 T 变化对不同决策下供应链整体利润最优值影响，零售商和制造商在三种不同合同协调下的最优利润变化。分析固定支付费用 T 变化对不同决策供应链整体利润最优值影响，如图 5.3（a）所示（图中"★线形"和"△线形"分别表示集中决策、分散决策时供应链整体利润最优值）；供应链成员经不同合同协调前后的利润变化情况，如图 5.3（b）和图 5.3（c）所示（图中"□线形"、"○线形"和"◇线形"分别表示供应链协调前利润、两部定价合同和批发价格合同协调后利润、Shapley 值法分配合同协调后利润）。

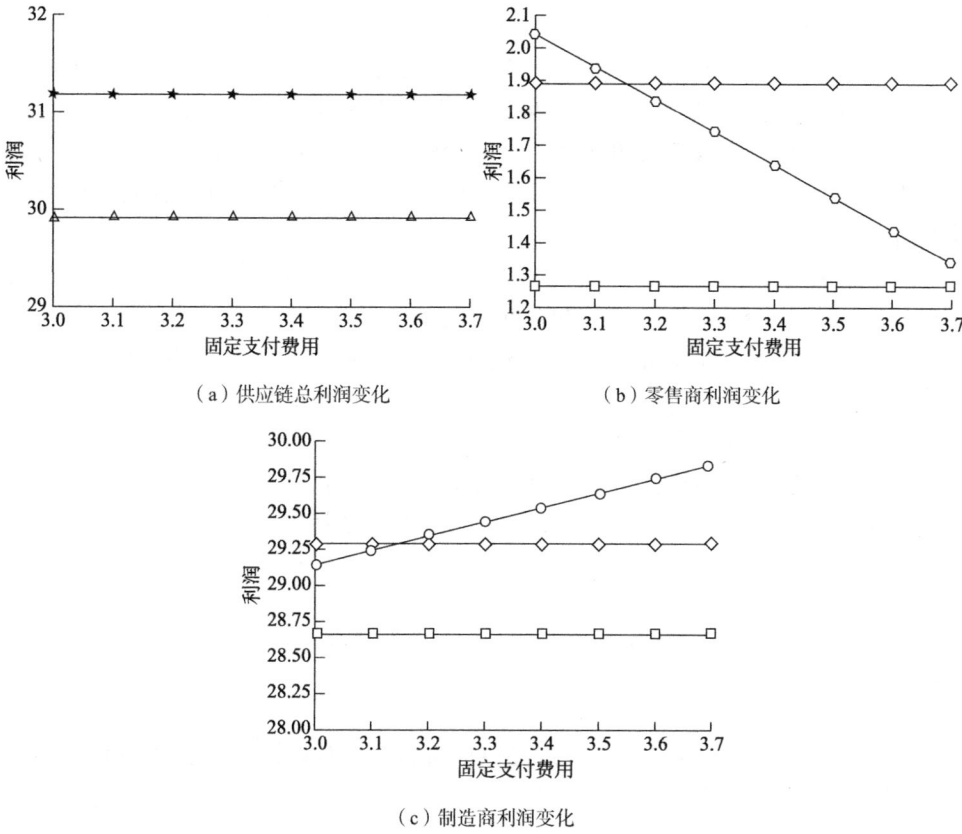

(a) 供应链总利润变化　　（b) 零售商利润变化

(c) 制造商利润变化

图 5.3　T 对不同决策时利润最优值影响结果

5.4.3　结果分析

图 5.2 表示了传统渠道供货比例 s 在[0.2,0.9]区间变化时零售商利润、制造商利润和农产品供应链整体最优利润的变化情况，图 5.3 表示了固定支付费用 T 在[3.0,3.7]区间变化时零售商利润、制造商利润和农产品供应链整体最优利润的变化情况，对其进行对比分析总结如下。

（1）传统渠道供货比例增大时，集中决策时总是大于分散决策时的总利润，且分散决策下总利润最优值会持续地减小，而集中决策下总利润最优值先减小后增大；制造商主导型双渠道农产品供应链经两部定价合同和批发价格合同协调，合同中制定的固定支付费用不会影响供应链总利润最优值的变化。

（2）传统渠道供货比例与零售商最优收益呈正比。对于零售商，不论传统渠道供货比例大小，Shapley 值法分配合同协调总是有效的，但固定支付费用过大且传统渠道供货比例过小时，两部定价合同和批发价格合同协调就会失效，甚至零售商会出现亏损。因此对于零售商补救的方法有两种：①尽量要求制造商提高传统渠道供货比例，且传统渠道供货比例达到一定值时，两部定价合同和批发价格合同协调效果会明显优于 Shapley 值法分配合同；②减小固定支付费用，且固定支付费用小到一定数值时，两部定价合同和批发价格合同协调效果会优于 Shapley 值法分配合同。

（3）传统渠道供货比例与制造商收益呈反比。对制造商来说，不论传统渠道供货比例大小，Shapley 值法分配合同协调总是有效的，传统渠道供货比例小于一定数值时，两部定价合同和批发价格合同协调效果会明显优于 Shapley 值法分配合同，随着传统渠道供货比例增加，Shapley 值法分配合同会体现其优势。当传统渠道供货比例达到一定数值时，两部定价合同和批发价格合同会失效。对于制造商补救的方法也有两种：①制造商需减少传统渠道供货比例或增加向电子渠道供货比例；②尽量要求零售商向其支付固定费用足够大。

5.5 本章小结

本章以制造商主导型双渠道农产品供应链为研究对象，分析了 3 种供应链决策模型，即集中决策模型、分散决策模型和供应链协调决策模型，并通过数值分析，验证了模型有效性和可行性，得出与现实相符的结论。研究结果如下。

（1）利用不同协调策略的制造商主导型双渠道供应链协调后供应链整体收益增加，零售商收益值相应增大；

（2）经过两部定价合同和批发价格合同协调策略，制造商收益需在得到零售商支付费用后才会增加，但额外支付费用不影响零售商收益值的增加，只会使其收益程度减少；

（3）经过 Shapley 值法分配合同协调策略，制造商主导型双渠道农产品供应链可直接达到协调效果；

（4）选择何种合同协调策略更为合理和科学，取决于制造商向双渠道供货比例、固定支付费用及其他变量的相对大小；

（5）制造商双渠道农产品供应链成员制定合理的支付费用和控制渠道供货比例可使得双方共赢，从而提高整体供应链的核心竞争力和抗风险能力，以促进制造商双渠道供应链进一步发展。本章集中研究制造商主导型双渠道供应链模式，对于零售商主导型农产品供应链协调决策、多制造商和多零售商供应链运作模式等将是进一步深入研究的系列问题。

6 考虑价格和服务竞争的农产品供应链协调决策

6.1 问题的提出

随着人们生活质量的提高,消费者不仅追求农产品产品现价比,而且追求优质的农产品服务质量,获得优质农产品服务的消费者给企业带来更多效益。面对顾客个性化需求,企业在销售产品的过程不仅要考虑销售价格,还必须兼顾自身的服务质量。企业间同时存在价格和服务质量竞争,因此如何进行科学决策和协调企业间相互关系是当前农产品供应链研究的热点问题之一。

近十几年来,国内外学者关于价格、库存等竞争因素的供应链竞争均衡和协调策略已有大量研究。代表性文献有:Tsay 和 Agrawal(2000)提出了一个由两个零售商和一个制造商构成的两级供应链模型,两个零售商存在竞争,并且考虑了消费者对销售价格和库存的服务水平是敏感的,分析认为零售商之间的竞争程度和协作是供应链利益分配的关键因素;廖涛等(2009)通过构建两个制造商和两个零售商的供应链竞争模型,研究价格、成本、服务竞争对供应链绩效的影响;徐兵和孙刚(2011)设计了两条不同的供应链模型,并且假定市场需求依赖于货架展示量和销售价格,分别在分散式、集中式、混合式三种情景下,研究货架展示量与销售价格的竞争关系;El Saadany 和 Jaber(2008)研究了如何协调订单数量实现供应链局部收益最大化和成本的最小化;Boyaci 和 Gallego(2004)将构建零售商质量竞争模型,研究三种竞争环境中的质量均衡水平,指出了质量水平与竞争激烈程度之间的关系;Guo 等(2013)对软件服务供应链的协调进行了研究,证明了价格补偿契约实现了完美协调,补偿价格和销售量成正比;但斌等(2010)建立了一个制造商占主导的供应链模型,探讨了在集中决策和分散决策下供应链成员关于产品质量的决策,提出收入共享成本分摊契约以实现供应链协调；Dumrongsiri 等（2008）研究得出零售商提高服务质量，制造商的收益同时会得到提高，并且服务敏感度的变化直接影响到制造商和零售商的收益程度；Liu 等（2013）研究了协调下的质量监督，认为制定的惩罚力度越大，服务质量就会越高，而企业间的合作周期越长，其惩罚力度就越小；Bernstein 和 Federgruen（2007）研究了多个零售商的协调问题，以及在 3 种不同的需求函数下基于销售价格和服务质量竞争时的协调问题；Sieke 等（2012）研究了惩罚机制和服务机制两种机制下服务供应链的协调问题，并分析了两种机制下参数的选择问题。契约在供应链协调中的应用明显改善了企业绩效，供应链契约的应用价值在相关文献中也得到了一定程度的体现。

通过对文献的梳理，大多数文献在竞争情景下供应链管理的研究集中在单一考虑价格竞争、库存竞争上。在现实生活中，服务质量逐渐成为现代供应链重要决策变量，同时考虑价格和服务竞争更贴近现代企业的实际情况，有较好的实践价值。鉴于此，本章将价格和服务质量引入零售端存在竞争的农产品供应链协调中，利用 Stacklberg 博弈对一个制造商和两个零售商构成的农产品供应链在 3 种不同决策情景进行分析，并通过对比得出价格交叉系数和服务替代系数在不同情境下对销售价格、服务质量及企业收益的影响。此外，采用"收益共享+成本分担"契约来协调供应链收益，并通过数值仿真验证了契约协调的改进效果，提出了契约可能带来损失的补偿措施。

6.2　问题描述与模型假设

考虑由一个制造商和两个零售商构成的两级农产品供应链模型，如图 6.1 所示（在图 6.1 中，虚线代表信息流）。两个零售商面临同一市场，消费者选择零售商购买会综合考虑产品价格和服务质量，假定零售商产品服务质量（包括产品品牌、质量、售后服务）不会出现不足的情形，但是零售商所提供服务需要付出一定服务成本。

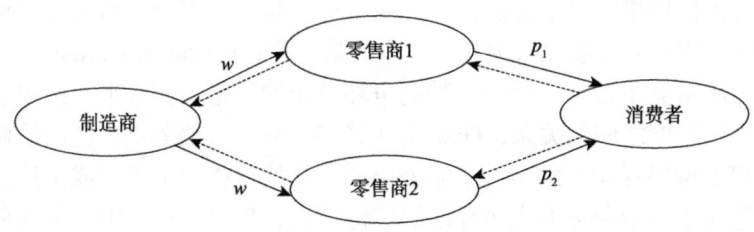

图 6.1　两级农产品供应链竞争结构模型

基于本章的具体研究，并且针对以上描述，提出以下假设。

（1）农产品供应链成员之间的信息完全对称，且所作出的决策具有完全理性，即根据自身期望收益最大值进行决策；

（2）市场需求不仅与销售价格有关，而且与服务质量有关，零售商之间存在价格和服务竞争，不考虑努力程度、销售能力、市场策略，市场需求为线性需求；

（3）服务边际成本函数是随服务质量递增的严格凸函数，具有二次形式；

（4）随着零售商服务投入的增加，服务质量将有所上升，但上升的速度会有所下降，本章设零售商付出服务成本为 $c^F = \frac{1}{2}\eta s^2 (\eta > 1)$，其中 η 为服务投入系数。

为了突出零售商价格和服务决策关系，构建市场需求函数，零售商面临同一竞争市场，所以市场基本需求是相等，两个零售商需求分别表示为

$$q_1 = a - p_1 + \rho p_2 + s_1 - \beta s_2$$
$$q_2 = a - p_2 + \rho p_1 + s_2 - \beta s_1$$

文中使用的符号和具体含义，如表 6.1 所示。

表 6.1 符号和具体含义

符号	含义说明	符号	含义说明
a	市场基本需求	$\varphi(0<\varphi<1)$	收益共享系数
p_1	零售商 1 销售价格	$\lambda(0<\lambda<1)$	成本承担系数
p_2	零售商 2 销售价格	π_{r1}	零售商 1 收益
s_1	零售商 1 服务水平	π_{r2}	零售商 2 收益
s_2	零售商 2 服务水平	π_m	制造商收益
$\rho(0<\rho<1)$	产品价格交叉系数	π^J	集中决策下总收益
$\beta(0<\beta<1)$	产品服务替代系数	π^F	分散决策下总收益
w	产品批发价格	π^X	协调契约下总收益

6.3 农产品供应链决策模型建立和求解

6.3.1 集中决策模型

在农产品供应链集中决策下，制造商和零售商是一个联盟整体，他们双方均以追求供应链整体收益最大化为目的，此时集中式决策供应链收益为

$$\pi^J = \pi_{r1} + \pi_{r2} + \pi_m = (a - p_1 + \rho p_2 + s_1 - \beta s_2)(p_1 - c)$$
$$+ (a - p_2 + \rho p_1 + s_2 - \beta s_1)(p_2 - c) - \frac{1}{2}\eta(s_1^2 + s_2^2) \quad (6.1)$$

将制造商和两个零售商作为供应链整体，对变量 p_1、p_2 和 s_1、s_2 进行决策，根据式（6.1）分别求关于 p_1、p_2 和 s_1、s_2 的偏导数并令其等于零，得

$$\begin{cases} \dfrac{\partial \pi^J}{\partial p_1} = a - 2p_1 + 2\rho p_2 + s_1 - \beta s_2 + c = 0 \\ \dfrac{\partial \pi^J}{\partial s_1} = p_1 - c - \beta(p_2 - c) - \eta s_1 = 0 \\ \dfrac{\partial \pi^J}{\partial p_2} = a - 2p_2 + 2\rho p_1 + s_2 - \beta s_1 + c = 0 \\ \dfrac{\partial \pi^J}{\partial s_2} = p_2 - c - \beta(p_1 - c) - \eta s_2 = 0 \end{cases} \quad (6.2)$$

需要验证式（6.2）计算结果是否为式（6.1）最优解，所以将 π^J 求 p_1、p_2 和 s_1、s_2 二阶偏导组成黑塞矩阵得

$$\begin{bmatrix} \dfrac{\partial^2 \pi^J}{\partial p_1^2}, & \dfrac{\partial^2 \pi^J}{\partial p_1 \partial p_2}, & \dfrac{\partial^2 \pi^J}{\partial p_1 \partial s_1}, & \dfrac{\partial^2 \pi^J}{\partial p_1 \partial s_2} \\ \dfrac{\partial^2 \pi^J}{\partial p_2 \partial p_1}, & \dfrac{\partial^2 \pi^J}{\partial p_2^2}, & \dfrac{\partial^2 \pi^J}{\partial p_2 \partial s_1}, & \dfrac{\partial^2 \pi^J}{\partial p_2 \partial s_2} \\ \dfrac{\partial^2 \pi^J}{\partial s_1 \partial p_1}, & \dfrac{\partial^2 \pi^J}{\partial s_1 \partial p_2}, & \dfrac{\partial^2 \pi^J}{\partial s_1^2}, & \dfrac{\partial^2 \pi^J}{\partial s_1 \partial s_2} \\ \dfrac{\partial^2 \pi^J}{\partial s_2 \partial p_1}, & \dfrac{\partial^2 \pi^J}{\partial s_2 \partial p_2}, & \dfrac{\partial^2 \pi^J}{\partial s_2 \partial s_1}, & \dfrac{\partial^2 \pi^J}{\partial s_2^2} \end{bmatrix} = \begin{matrix} -2, 2\rho, 1, -\beta \\ 2\rho, -2, -\beta, 1 \\ 1, -\beta, -\eta, 0 \\ -\beta, 1, 0, -\eta \end{matrix}$$

设 Δ_1、Δ_2、Δ_3 和 Δ_4 分别表示该黑塞矩阵的一阶、二阶、三阶和四阶顺序主子式，经计算得

$$\begin{cases} \Delta_1 = -2 \\ \Delta_2 = 4(1-\rho)(1+\rho) \\ \Delta_3 = -2(2\eta - \beta^2 - 1) - 4\rho(\beta - \rho\eta) \\ \Delta_4 = 4\eta(\eta - \beta^2 - 1) + (\beta^2 - 1)^2 + 4\rho\eta(2\beta - \rho\eta) \end{cases}$$

根据该计算结果分析，$\Delta_1 < 0$；因 $0 < \rho < 1$，$\Delta_2 > 0$；Δ_3 和 Δ_4 正负不确定。为了确保研究有意义，即黑塞矩阵为负定矩阵，则须 $\Delta_3 < 0$ 且 $\Delta_4 > 0$，所以：

$$\eta > \beta^2 + 1 \quad (6.3)$$
$$\beta > \rho\eta \quad (6.4)$$

本章中 ρ、β、η 必须满足式（6.3）和式（6.4），由此证得 π^J 是关于 p_1、p_2 和 s_1、s_2 的严格凹函数。所以（最优解用上标"*"）：

$$p_1^{J*} = p_2^{J*} = \frac{a\eta + c\left((1-\rho)\eta - (1-\beta)^2\right)}{2\eta(1-\rho) - (1-\beta)^2} \qquad (6.5)$$

$$s_1^{J*} = s_2^{J*} = \frac{(1-\beta)(a-(1-\rho)c)}{2\eta(1-\rho) - (1-\beta)^2} \qquad (6.6)$$

将式（6.5）、式（6.6）代入式（6.1）中，可得供应链集中决策情境下的最优收益为

$$\pi^{J*} = \frac{\eta(a-(1-\rho)c)^2}{2\eta(1-\rho) - (1-\beta)^2} \qquad (6.7)$$

6.3.2 分散决策模型

在分散决策模型中，制造商和零售商都只是考虑自身收益最大化，不考虑整体收益和对方的收益，根据博弈理论得出决策顺序如下：首先制造商制定产品的批发价格，其次零售商根据批发价格策略做出最优产品销售价格和最优服务质量的决策，最后制造商再结合零售商的决策制定最终最优批发价格决策。该博弈属于 Stackelberg 博弈，制造商作为博弈的主导者，零售商为跟从者，采用逆向归纳法求解均衡解。因此零售商和制造商收益分别为

$$\pi_{r1} = (p_1 - w)(a - p_1 + \rho p_2 + s_1 - \beta s_2) - \frac{1}{2}\eta s_1^2 \qquad (6.8)$$

$$\pi_{r2} = (p_2 - w)(a - p_2 + \rho p_1 + s_2 - \beta s_1) - \frac{1}{2}\eta s_2^2 \qquad (6.9)$$

$$\pi_m = (w - c)\left((a - p_1 + \rho p_2 + s_1 - \beta s_2) + (a - p_2 + \rho p_1 + s_2 - \beta s_1)\right) \qquad (6.10)$$

根据逆向归纳法，零售商追求自身收益最大化，对 π_{r1} 和 π_{r2} 分别求 p_1、p_2 和 s_1、s_2 的一阶导数并令导数为零，可得

$$\begin{cases} \dfrac{\partial \pi_{r1}}{\partial p_1} = a + w - 2p_1 + \rho p_2 + s_1 - \beta s_2 = 0 \\[6pt] \dfrac{\partial \pi_{r1}}{\partial s_1} = p_1 - w - \eta s_1 = 0 \\[6pt] \dfrac{\partial \pi_{r2}}{\partial p_2} = a + w - 2p_2 + \rho p_1 - \beta s_1 + s_2 = 0 \\[6pt] \dfrac{\partial \pi_{r2}}{\partial s_2} = p_2 - w - \eta s_2 = 0 \end{cases} \qquad (6.11)$$

为了确定式（6.11）是否为零售商的最优解，对式（6.8）求关于 p_1、s_1 的二阶偏导并组成黑塞矩阵得

$$\begin{bmatrix} \dfrac{\partial^2 \pi_{r1}}{\partial p_1^2}, \dfrac{\partial^2 \pi_{r1}}{\partial p_1 \partial s_1} \\ \dfrac{\partial^2 \pi_{r1}}{\partial s_1 \partial p_1}, \dfrac{\partial^2 \pi_{r1}}{\partial s_1^2} \end{bmatrix} = \begin{bmatrix} -2, 1 \\ 1, -\eta \end{bmatrix}$$

$\Delta_1 = -2$，$\Delta_2 = 2\eta - 1 > 0$，此时黑塞矩阵为负定矩阵，说明 π_{r1} 是关于 p_1、s_1 的严格凹函数，存在唯一的最优解。同理，π_{r2} 也是关于 p_2、s_2 的严格凹函数。所以：

$$p_1^{F^*} = p_2^{F^*} = \frac{a\eta + w(\eta - (1-\beta))}{(2-\rho)\eta - (1-\beta)} \tag{6.12}$$

$$s_1^{F^*} = s_2^{F^*} = \frac{a - w(1-\rho)}{(2-\rho)\eta - (1-\beta)} \tag{6.13}$$

将式（6.12）、式（6.13）代入式（6.10）中可得制造商收益为

$$\pi_m = \frac{2\eta(w-c)(a-w(1-\rho))}{\eta(2-\rho) - (1-\beta)} \tag{6.14}$$

对式（6.14）求关于 w 一阶偏导数并令其等于零得

$$\frac{\partial \pi_m}{\partial w} = \frac{2\eta(a + c - \rho c - 2w(1-\rho))}{\eta(2-\rho) - (1-\beta)} = 0 \tag{6.15}$$

由式（6.15）可得最优批发价格为

$$w^* = \frac{a + c(1-\rho)}{2(1-\rho)} \tag{6.16}$$

因 $\dfrac{\partial^2 \pi_m}{\partial w^2} = -\dfrac{4\eta(1-\rho)}{\eta(2-\rho) - (1-\beta)} < 0$，所以 π_m 是关于 w 的严格凹函数。将式（6.16）代入式（6.12）、式（6.13）中得最优销售价格和最优服务质量为

$$p_1^{F^*} = p_2^{F^*} = \frac{2a\eta(1-\rho) + (a + c(1-\rho))(\eta - (1-\beta))}{2(1-\rho)(\eta(2-\rho) - (1-\beta))} \tag{6.17}$$

$$s_1^{F^*} = s_2^{F^*} = \frac{a - c(1-\rho)}{2(\eta(2-\rho) - (1-\beta))} \tag{6.18}$$

再将式（6.17）、式（6.18）代入式（6.8）、式（6.9）中得零售商和制造商最优收益为

$$\pi_{r1}^{F^*} = \pi_{r2}^{F^*} = \frac{\eta(2\eta - 1)(a - c(1-\rho))^2}{8(\eta(2-\rho) - (1-\beta))^2} \tag{6.19}$$

$$\pi_m^{F*} = \frac{\eta(a-c(1-\rho))^2}{2(1-\rho)(\eta(2-\rho)-(1-\beta))} \quad (6.20)$$

因此，在分散决策情境下供应链整体的最优收益为

$$\pi^{F*} = \frac{\eta(a-c(1-\rho))^2(2\eta(3-2\rho)-3+2\beta+\rho)}{4(1-\rho)(\eta(2-\rho)-(1-\beta))^2} \quad (6.21)$$

6.3.3 决策模型比较分析

将产品在集中决策和分散决策下的销售价格首先进行对比。

$$\Delta p = p_1^{J*} - p_1^{F*}$$

$$= \frac{a\eta + c((1-\rho)\eta - (1-\beta)^2)}{2\eta(1-\rho) - (1-\beta)^2} - \frac{2a\eta(1-\rho) + (a+c(1-\rho))(\eta - (1-\beta))}{2(1-\rho)(\eta(2-\rho) - (1-\beta))}$$

$$= \frac{a-c}{1-\rho}\left(\frac{1}{2\left(1+\frac{\eta(1-\rho)}{\eta-(1-\beta)}\right)} - \frac{1}{1+\frac{\eta(1-\rho)}{\eta(1-\rho)-(1-\beta)^2}}\right)$$

对 Δp 在满足一定条件的前提下，分以下几种情况讨论。

（1）当 $2\left(1+\dfrac{\eta(1-\rho)}{\eta-(1-\beta)}\right) > 1+\dfrac{\eta(1-\rho)}{\eta(1-\rho)-(1-\beta)^2}$ 时，即 $\rho < 1 - \sqrt{\dfrac{(1-\beta)^2(\eta-(1-\beta))}{2\eta^2}}$。同时根据式（6.4）得 $\rho < \dfrac{\beta}{\eta}$，因此 $0 < \rho < \min\left(1-\sqrt{\dfrac{(1-\beta)^2(\eta-(1-\beta))}{2\eta^2}}, \dfrac{\beta}{\eta}\right)$，此时 $\Delta p > 0$。说明集中决策下零售商销售价格大于分散决策下零售商销售价格，但是需满足一定条件。

（2）当 $2\left(1+\dfrac{\eta(1-\rho)}{\eta-(1-\beta)}\right) = 1+\dfrac{\eta(1-\rho)}{\eta(1-\rho)-(1-\beta)^2}$ 时，即 $\rho = 1 - \sqrt{\dfrac{(1-\beta)^2(\eta-(1-\beta))}{2\eta^2}}$，此时 $\Delta p = 0$。说明集中决策下零售商销售价格等于分散决策下零售商销售价格，此时消费者不再考虑决策方式。

(3) 当 $2\left(1+\dfrac{\eta(1-\rho)}{\eta-(1-\beta)}\right)<1+\dfrac{\eta(1-\rho)}{\eta(1-\rho)-(1-\beta)^2}$ 时，即 $\rho>1-\sqrt{\dfrac{(1-\beta)^2(\eta-(1-\beta))}{2\eta^2}}$。因此 $1-\sqrt{\dfrac{(1-\beta)^2(\eta-(1-\beta))}{2\eta^2}}<\rho<\dfrac{\beta}{\eta}$，此时 $\Delta p<0$。说明集中决策下零售商销售价格高于分散决策下零售商销售价格，分散决策下低的销售价格会有利于消费者。

在对销售价格进行对比分析后，再对集中决策和分散决策下的服务质量进行对比。

$$\Delta s = s_1^{J^*} - s_1^{F^*} = \dfrac{(1-\beta)(a-(1-\rho)c)}{2\eta(1-\rho)-(1-\beta)^2} - \dfrac{a-c(1-\rho)}{2(\eta(2-\rho)-(1-\beta))}$$

$$= (a-c(1-\rho))\left(\dfrac{1}{\dfrac{2\eta(1-\rho)}{1-\beta}-(1-\beta)} - \dfrac{1}{2(\eta(2-\rho)-(1-\beta))}\right)$$

同理对 Δs 在满足一定条件的前提下，分以下几种情况讨论。

(1) 当 $\dfrac{2\eta(1-\rho)}{1-\beta}-(1-\beta)>2(\eta(2-\rho)-(1-\beta))$ 时，即 $\rho<\dfrac{(1-\beta)^2+2\eta(1-2(1-\beta))}{2\eta\beta}$。若 $(1-\beta)^2+2\eta(1-2(1-\beta))>0$，且 $\rho<\dfrac{\beta}{\eta}$，即 $0<\rho<\min\left(\dfrac{(1-\beta)^2+2\eta(1-2(1-\beta))}{2\eta\beta},\dfrac{\beta}{\eta}\right)$，此时 $\Delta s<0$。说明集中决策下零售商服务质量低于分散决策下零售商服务质量，分散决策下高的服务质量会有利于消费者；若 $(1-\beta)^2+2\eta(1-2(1-\beta))\leqslant 0$，该种情况无意义。

(2) 当 $\dfrac{2\eta(1-\rho)}{1-\beta}-(1-\beta)=2(\eta(2-\rho)-(1-\beta))$ 时，即 $\rho=\dfrac{(1-\beta)^2+2\eta(1-2(1-\beta))}{2\eta\beta}$。若 $0<\rho<\dfrac{\beta}{\eta}$，且 $\rho=\dfrac{(1-\beta)^2+2\eta(1-2(1-\beta))}{2\eta\beta}$，$\Delta s=0$，说明集中决策下零售商服务质量等于分散决策下零售商服务质量；若 $\dfrac{(1-\beta)^2+2\eta(1-2(1-\beta))}{2\eta\beta}\leqslant 0$ 或 $\dfrac{(1-\beta)^2+2\eta(1-2(1-\beta))}{2\eta\beta}\geqslant\dfrac{\beta}{\eta}$，该种情况也无意义。

（3）当 $\dfrac{2\eta(1-\rho)}{1-\beta}-(1-\beta)<2(\eta(2-\rho)-(1-\beta))$ 时，即 $\rho>\dfrac{(1-\beta)^2+2\eta(1-2(1-\beta))}{2\eta\beta}$。若 $0<\dfrac{(1-\beta)^2+2\eta(1-2(1-\beta))}{2\eta\beta}<\dfrac{\beta}{\eta}$，即 $\dfrac{(1-\beta)^2+2\eta(1-2(1-\beta))}{2\eta\beta}<\rho<\dfrac{\beta}{\eta}$，此时 $\Delta s>0$，说明集中决策下零售商服务质量高于分散决策下零售商服务质量，集中决策下高的服务质量会有利于消费者；若 $\dfrac{(1-\beta)^2+2\eta(1-2(1-\beta))}{2\eta\beta}\leq 0$ 或 $\dfrac{(1-\beta)^2+2\eta(1-2(1-\beta))}{2\eta\beta}\geq\dfrac{\beta}{\eta}$，该种情况同样无意义。

6.3.4 协调决策模型

在分散决策下供应链成员的决策无法与集中决策模式一致，供应链成员在"双重边际"效应影响下，最优收益无法达到集中决策的最优水平。为提高零售商订货量和服务质量，降低制造商批发价格，同时弥补低的批发价格和高的服务质量带来的供应链成员收益损失，本章设计了收益共享成本分担契约，即零售商将部分收入转让给制造商，同时制造商为零售商分担因提高服务质量而产生的成本。在协调契约下零售商和制造商的各自收益为

$$\pi_{r1}^X=(\varphi p_1-w)q_1-\dfrac{1}{2}\lambda\eta s_1^2 \quad (6.22)$$

$$\pi_{r2}^X=(\varphi p_2-w)q_2-\dfrac{1}{2}\lambda\eta s_2^2 \quad (6.23)$$

$$\pi_m^X=((1-\varphi)p_1+w-c)q_q+((1-\varphi)p_2+w-c)q_2-\dfrac{1}{2}(1-\lambda)\eta(s_1^2+s_2^2) \quad (6.24)$$

对式（6.22）、式（6.23）分别求关于 p_1、s_1 和 p_2、s_2 阶偏导数得

$$\begin{cases}\dfrac{\partial\pi_{r1}^X}{\partial p_1}=\varphi(a-p_1+\rho p_2+s_1-\beta s_2)-(\varphi p_1-w)=0\\[6pt]\dfrac{\partial\pi_{r1}^X}{\partial s_1}=\varphi p_1-w-\lambda\eta s_1=0\\[6pt]\dfrac{\partial\pi_{r2}^X}{\partial p_2}=\varphi(a-p_2+\rho p_1+s_2-\beta s_1)-(\varphi p_2-w)=0\\[6pt]\dfrac{\partial\pi_{r2}^X}{\partial s_2}=\varphi p_2-w-\lambda\eta s_2=0\end{cases} \quad (6.25)$$

为了验证式（6.25）的解为协调后零售商最优解，对式（6.22）求 p_1、s_1 的二阶偏导并组成黑塞矩阵得

$$\begin{bmatrix} \dfrac{\partial^2 \pi_{r1}^X}{\partial p_1^2}, \dfrac{\partial^2 \pi_{r1}^X}{\partial p_1 \partial s_1} \\ \dfrac{\partial^2 \pi_{r1}^X}{\partial s_1 \partial p_1}, \dfrac{\partial^2 \pi_{r1}^X}{\partial s_1^2} \end{bmatrix} = \begin{bmatrix} -2\varphi, \varphi \\ \varphi, -\lambda\eta \end{bmatrix}$$

$\Delta_1 = -2\varphi < 0$，$\Delta_2 = 2\varphi\lambda\eta - \varphi^2 > 0$，此黑塞矩阵为负定矩阵，$\pi_{r1}^X$ 是关于 p_1、s_1 的严格凹函数，存在唯一解可以使得 π_{r1}^X 达到最大值，同理得 π_{r2}^X 是关于 p_2、s_2 严格的凹函数，同样存在唯一解可以使得 π_{r2}^X 达到最大值，此时：

$$p_1^X = p_2^X = \frac{a\lambda\varphi\eta + (\lambda\eta - \varphi(1-\beta))w}{\varphi(\lambda\eta(2-\rho) - \varphi(1-\beta))} \tag{6.26}$$

$$s_1^X = s_2^X = \frac{(\varphi a - (1-\rho)w)}{\lambda\eta(2-\rho) - \varphi(1-\beta)} \tag{6.27}$$

在收益共享成本分担契约中，如果得到和集中决策相同的收益，必须满足 $p_1^X = p_2^X = p_1^{j*} = p_2^{j*}$，$s_1^X = s_2^X = s_1^{j*} = s_2^{j*}$，因此得到：

$$\begin{cases} \lambda = \dfrac{1-\rho}{1-\beta}\varphi \\ w^{X*} = \varphi\left(c + \dfrac{\rho\eta(a - c(1-\rho))}{2\eta(1-\rho) - (1-\beta)^2}\right) \end{cases} \tag{6.28}$$

将式（6.26）~式（6.28）代入式（6.22）~式（6.24）中，得在收益共享成本分担契约中零售商和制造商最优收益：

$$\begin{cases} \pi_{r1}^{X*} = \pi_{r2}^{X*} = \dfrac{\eta(a-c(1-\rho))^2(\varphi(1-\rho)(2\eta(1-\rho) - (1-\beta)))}{2(2\eta(1-\rho) - (1-\beta)^2)^2} \\ \pi_m^{X*} = \dfrac{\eta(a-c(1-\rho))^2(2\eta(1-\rho) - (1-\beta)^2 - \varphi(1-\rho)(2\eta(1-\rho) - (1-\beta)))}{(2\eta(1-\rho) - (1-\beta)^2)^2} \end{cases} \tag{6.29}$$

由式（6.28）可知，$\lambda = \dfrac{1-\rho}{1-\beta}\varphi$，说明在零售商和制造商取得最优收益时，$\varphi$ 和 λ 需满足一定关系，且两者呈正比例关系。在式（6.29）中使用只包含 φ 的最优收益表达式，也可以选取只包含 λ 的表达方式，只需将 φ 替换成 $\dfrac{1-\beta}{1-\rho}\lambda$ 即可。收益共享成本分担契约协调后的零售商和制造商的收益须大于分散决策下的

收益，式（6.29）还须满足：

$$\begin{cases} \pi_{r1}^{X^*} = \pi_{r2}^{X^*} > \pi_{r1}^{F^*} = \pi_{r2}^{F^*} \\ \pi_m^{X^*} > \pi_m^{F^*} \end{cases} \quad (6.30)$$

由此求解 φ 和 λ 的取值范围，在控制 φ 和 λ 的取值的同时，本章还设计了一种补偿措施，同样可以达到收益共享成本分担契约的协调效果。

假设双方已设定 φ 和 λ 值，并且设定值不在式（6.30）结果之中。显然，分散决策时制造商是主导者，零售商是跟从者，因此在收益共享成本分担契约下零售商是"绝对收益者"，所以不管 φ 和 λ 值的大小，$\pi_{r1}^{X^*} = \pi_{r2}^{X^*} > \pi_{r1}^{F^*} = \pi_{r2}^{F^*}$ 恒成立，此时：

$$\begin{cases} \pi_{r1}^{X^*} = \pi_{r2}^{X^*} > \pi_{r1}^{F^*} = \pi_{r2}^{F^*} \\ \pi_m^{X^*} < \pi_m^{F^*} \end{cases} \quad (6.31)$$

本章设计的补偿措施是要求零售商支付固定费用给制造商，也体现收益共享成本分担契约中"收益共享"原则，只需固定支付费用 T，此时 $T \subset \left(\pi_m^{F^*} - \pi_m^{X^*}, \pi_{r1}^{X^*} - \pi_{r1}^{F^*} \right)$，使得供应链成员在该契约下的收益较分散决策下收益有所增大，并且供应链整体的收益恰好等于供应链集中决策下的收益。

上述讨论了不同决策下最优销售价格决策和最优服务质量对比，但是由于供应链成员的收益表达式过于烦琐，并没有讨论各成员在不同决策下的收益比较、T 取值和 φ 值与 λ 值等，为论证模型的有效性，下面通过算例进行说明。

6.4 数值计算与结果分析

6.4.1 参数设置和计算

农产品供应链中实际企业的数据较难获得，采用 Matlab 7.8.0 对该模型进行数值分析，探讨产品服务替代系数 β 对销售价格、服务质量及农产品供应链成员收益的影响。假设单位农产品产品成本 $c_0 = 10$（元），服务投入系数 $\eta = 2$，市场需求 $a = 20$（个），产品价格交叉系数 $\rho = 0.2$。

情形 1：通过 β 在[0.45，0.85][由式（6.3）和式（6.4）而知该范围处于合理范围]以步长 0.05 均匀变化，研究集中决策和分散决策下最优销售价格、最优服务质量及整体最优收益的对比情况，分析结果如图 6.2 所示，图中"▲"表示集中决策，"×"表示分散决策。

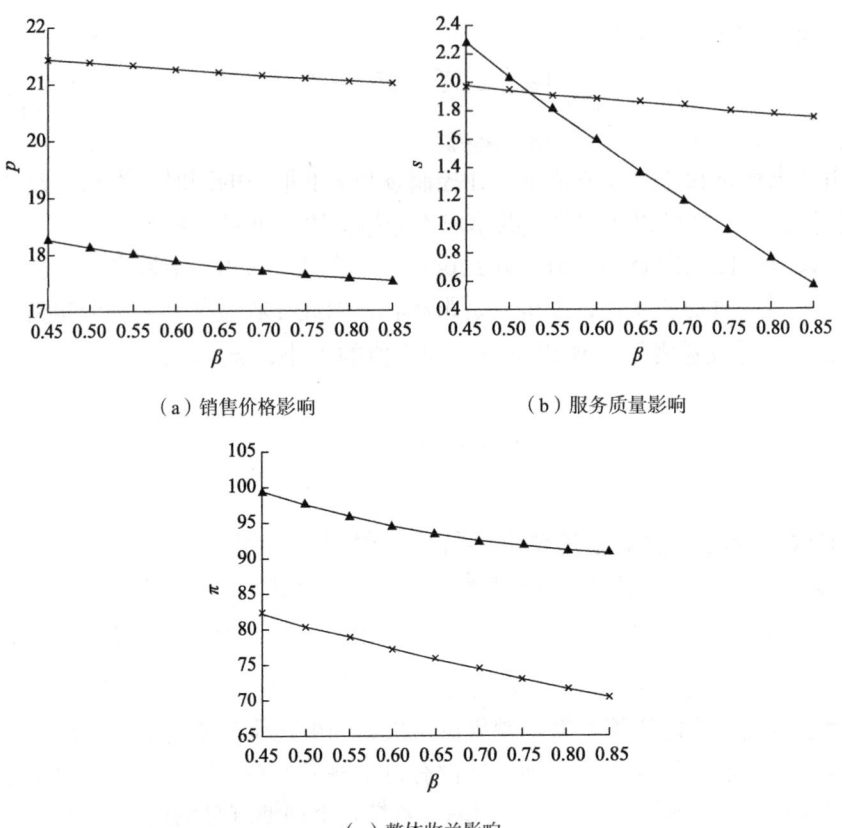

（c）整体收益影响

图6.2 产品服务替代系数对决策变量及收益的影响

情形 2：固定 β 在合理范围里，设 $\beta=0.5$，收益共享系数 φ 在区间[0.5，0.9]以步长 0.05 均匀变化，研究分散决策下收益和协调契约下收益对比情况，其结果如图6.3 所示，图中"×"表示分散决策，"▲"表示收益共享成本分担协调契约。

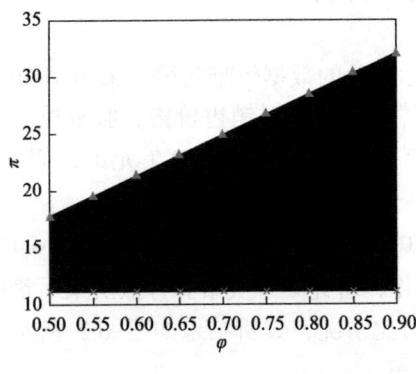

（a）零售商收益变化

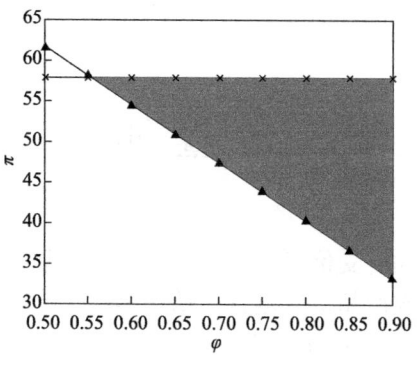

(b) 制造商收益变化

图 6.3 收益共享系数对协调前后收益影响

6.4.2 结果分析

根据图 6.2 和图 6.3 对比分析，得出以下结论。

（1）当农产品产品价格交叉系数固定时，销售价格、服务质量和供应链整体收益的最优值无论是集中决策下还是分散决策下都会随着产品服务替代系数的增大而减小，尤其是集中决策下的服务质量减小的幅度更加明显。当 $0<\rho<\min\left(1-\sqrt{\dfrac{(1-\beta)^2(\eta-(1-\beta))}{2\eta^2}},\dfrac{\beta}{\eta}\right)$ 时，集中决策下零售商销售价格低于分散决策下零售商销售价格，可知 $0<\rho<0.225$，设定的 $\rho=0.2$ 在此范围之内，图 6.2（a）验证了上述的分析。当 $\rho=\dfrac{(1-\beta)^2+2\eta(1-2(1-\beta))}{2\eta\beta}$ 时，集中决策下服务质量等于分散决策下服务质量，$\rho=0.2$，$\beta=0.524$，并且以此为临界点，图 6.2（b）也验证了该分析。图 6.2（c）则说明集中决策下供应链整体收益要大于分散决策下的供应链收益。

（2）图 6.3（a）表明无论收益共享系数如何变化，零售商在协调后收益都大于分散决策，而制造商则随着收益共享系数增大，协调后的收益会小于分散决策。此时 $\pi_{r1}^{X^*}=\pi_{r2}^{X^*}=35.74\varphi$，$\pi_m^{X^*}=33.09\times(2.95-2.16\varphi)$，由式（6.31）得 $0.32<\varphi<0.55$，恰好对应图 6.3（b）中的临界点 $\varphi=0.55$。显然图 6.3（b）中的 φ 在 [0.5, 0.55]，说明制造商协调后收益大于分散决策，当 $\varphi>0.55$ 时，可采用文中的补偿措施，即零售商向制造商支付固定费用 $T\subset(71.47\varphi-39.56, 35.74\varphi-11.24)$，也就是图 6.3 中的阴影区域。图 6.3（a）的阴影部分对应其上限，图 6.3（b）的阴影部分对应其下限。

6.5 本章小结

本章在考虑了需求同时受价格和服务质量影响的基础上，建立了由两个零售商和一个制造商组成的农产品供应链竞争结构模型，分别探讨了集中、分散及协调等 3 种不同的决策情境，并分析了收益共享成本分担契约对供应链进行协调，最后通过数值验证了模型的有效性和实用性，其主要工作如下。

（1）引入价格交叉系数、服务替代系数两个变量，在不同决策情境下建立供应链动态博弈模型；

（2）分别分析了零售商最优定价和最优服务质量、供应链总收益等相关决策问题；

（3）服务替代系数在合理范围之内变动时，研究决策变量的变化和契约的有效性。研究结果表明：①集中决策下的农产品供应链整体收益大于分散决策下的农产品供应链整体收益；②销售价格和服务质量在集中和分散决策下的大小与价格交叉系数和服务替代系数两个变量有关；③通过收益共享成本分担契约协调后，零售商是"绝对收益者"，收益共享系数在合理范围之内，制造商同样有所收益，但在合理范围之外，零售商必须对制造商支付固定费用进行补偿；④支付固定费用的范围与收益共享系数有关，而收益共享系数不仅与价格交叉系数相关，而且与服务替代系数也相关。

7 农产品供应链回购契约协调决策

7.1 问题描述

近年来，我国经济发展进入新常态，正从高速增长转向中高速增长，农业发展在此背景下也加快了发展方式的转变。农业产业化经营有利于带动广大农户按照市场需求进行专业和集约化生产，提高农业综合生产效益，农业产业化被广泛认为是我国农业发展的必经之路。在各种农业产业化经营组织模式中，"农户+公司""农户+基地+公司"等形式的订单农业所占比例最高，是我国农业产业化发展中的主要形式。订单农业又称合同农业或契约农业，是在农业生产之前农户与企业或中介组织签订的具有法律效力的确定双方权利与义务关系的产销合同，农民根据合同组织生产，企业或中介组织按合同收购农户生产产品的一种农业协同经营形式。然而在实际运营中，较低的农户订单履约率成为阻碍订单农业良性发展的重要问题。一方面，我国属于东亚季风气候，是气象灾害多发地区，农业生产高度依赖气象条件，每年农作物受害面积高达总种植面积的 30%，因此农户实际产出数量是不确定的。另一方面，随着农产品销售市场竞争激烈、库存成本高、消费者心理和个性的差异等问题日益突出，企业面临着不确定的市场需求。因此在农产品产出和市场需求不确定的双重风险下，如何既能保证市场需求，又能保证农产品供应链收益，成为农产品供应链必须解决的重要问题，可以归结为供应链协调问题。

在这种新的发展形势下，农产品供应链成为供应链管理领域研究的热点之一。从农产品变质易耗特性的角度，Yu 和 Nagurney（2013）针对生鲜产品从生产地到销售地易变质的难题，构造了一个基于网络的供应链模型，通过案例得出企业为了保持自身经济弹性，产品差异化将是一个有效的策略。王婧和陈旭（2010）针对生鲜农产品流通过程的巨大损耗，引入期权合同工具，从批发商角度研究单周期两阶段供应链的最优订货策略。林略等（2011）针对一个生产商-分销商-零售商构成的鲜活农产品三级供应链，构造了运输过程中的依赖运输时间的新鲜度和损耗比例模型，分别求出供应链各级成员的最优期望利润及收益共享契约协调下的利润分配。Qin等（2014）用指数函数的形式表示产品的质量损耗和数量损耗随时间的变化率，同时考虑产品销售过程中用质量和数量上的双重折损来描述库存的变化情况，探讨在需求受到产品质量、销售价格及库存陈列数量三重影响下的产品价格和订购批量大小问题。从供应链协调优化的视角针对公司与农户的交易行为研究，叶飞等（2012）基于订单农业特点及实践中普遍存在的"保底收购，随行就市"订单价格机制，构建了"公司+农户"型订单农业供应链的决策模型，提出了一种"布莱克-斯科尔斯期权定价（Black-Scholes-merton option pricing，简称B-S期权定价）+生产协作+保证金"的合同机制来协调此类订单农产品供应链。秦开大和李腾（2016）以"公司+农户"型订单农业为研究对象，综合考虑公司面临的市场需求不确定风险、农户面临的产出不确定风险及双方共同面临的批发价格波动影响，以传统的契约批发价格为参照对象，分析了实行"保底收购，随行就市"惠农政策后供应链的绩效变化情况。伏红勇和但斌（2015）针对不利天气影响农业生产并使订单农业中各成员在履约过程中遭遇不可控风险这一问题，构建了由风险厌恶的农户与风险中性的公司组成的两级农产品供应链随机利润模型。Kazaz和Webster（2011）讨论了销售价格受随机产出率影响下农业产业化组织的生产决策问题。林强和叶飞（2014）研究了一类由农户与公司构成的"公司+农户"型订单农业经营模式下的农产品供应链，其中农户在考虑产出不确定性及订单价格的基础上确定农产品的生产量，公司拥有农产品的批发定价权，并在产出与需求双重不确定性情形下确定农产品的订单价格和零售价格。Jang和Klein（2011）研究了一个小型农业企业与多个农户之间的合作问题。也有不少学者针对农产品供应链协调问题进行了相关研究。冯颖等（2017）考虑供应商物流服务水平影响农产品终端市场需求的情形，建立了产出和需求双边随机的两级供应链模型。Cai等（2013）在时鲜产品长距离运输下，假设生产商的有效供给具有随机性，研究了时鲜产品供应链的决策与协调问题。凌六一等（2013）采用单位价格补贴的风险共担机制，分析了农产品供应链中随机产出和随机需求下供应商、制造商采取不同的风险共担合同对农资投入、供应商、制造商及整个供应链的利润的影响。赵霞和吴方卫（2009）对任意分布随机产出因子和随机需求因子，给出了农产品供应链可被收益共享合同协调的条件。杨亚等（2016）基于Stackelberg博弈，使用单周期报童模型分别构建生产商和零售商的利润函数，通过分析供应链性质，提出具体的回购契约形式进行供应链协调。Cai等（2010）考虑保鲜效果对生鲜产品的有效供给、新鲜度及市场需求的影响，以保鲜效果为决策变量，建立了供应链决策模型，提出了供应链协调契约。

纵观已有文献对农产品供应链协调问题研究得已经很成熟，但是在供应需求双重不确定性风险下研究农产品供应链的文献较少，大多数文献研究都集中在产出的不确定性，而并没有考虑零售商在面对不确定性市场需求时的农产品供应链协调问题。因此，本章考虑缺货损失和剩余残值的风险，在已知供求的分布和特征参数情况下，利用供应商回购零售商销售剩余契约协调整个农产品供应链，最后通过数值算例分析还原了达成共识前契约参数的讨价还价过程，验证了理论分析的正确性。

7.2 模型描述与符号说明

7.2.1 模型描述

本章研究的是一个由单个供应商和单个零售商构成的两级农产品供应链模型，类似文献中不确定性产出模型，农产品供应商受随机因素和外界环境等不可控因素影响，采用常用的不确定性比例产出模型。零售商面对的是不确定的市场需求，零售商在已知需求的分布和特征参数的情况下决定订货量，因此订货量是一个决策变量。供应商根据订货量决定农产品的计划生产量。在需求实现之前，供应商将实际产出量售给零售商。由于产出的不确定性，若实际产出量小于订货量，则供应商就需从现货市场购买现成农产品以满足零售商的订货需求。零售商将最终农产品销售给消费者，实现市场需求，供应商和零售商的收益均得以实现。为了更贴近现实，做出如下假设。

（1）供应商提供单一农产品，供应商和零售商之间的信息是对称的，且都具有理性和风险中性。

（2）供应商实际产出 $t = l \times \Delta$，l 表示供应商计划生产量，Δ 表示不确定产出因子，是一个非负随机变量，其概率分布函数为 $G(y)$，概率密度函数为 $g(y)$ $(g(y)>0)$，均值为 μ_1，标准差为 σ_1，假设 $g(y)$ 的定义区间为 $[a,b]$，$0 < a < b \leq 1$。

（3）零售商面临的市场需求是不确定的，市场需求量为 d，其分布函数为 $F(x)$，密度函数为 $f(x)$，均值为 μ_2，标准差为 σ_2。

（4）农产品零售价格不变。

因此，根据以上描述和假设，本章模型的决策过程为零售商面对不确定的市场需求 d，在已知需求分布和特征参数的情况下决定订货量 q（q 是一个决策变量），供应商根据 q 决定供应商计划生产量 l（l 也是一个决策变量）。在实现需求完成之前，供应商将实际产出 t 出售给零售商，由于产出的不确定性，若 t 小于

q，则供应商就需从现货市场以单价 s 购买现成农产品以满足零售商的订货需求。零售商将最终农产品销售给消费者，实现市场需求，供应商和零售商的收益均得以实现。

7.2.2 符号说明

为了便于模型分析和计算，本章使用的符号及其含义说明如表 7.1 所示。

表 7.1 模型符号和含义说明

符号	含义	符号	含义
p	销售价格	c_m	生产单位农产品的成本
w	批发价格	t	实际生产量
g	缺货损失	l	计划生产量
v	单位农产品的残值	q	市场需求量
r	零售商	s	现货市场农产品单价
m	供应商	π_r	零售商收益
c_r	零售商销售成本	π_m	供应商收益

为使模型更具有可行性和真实性，假设当 $p>w+c_r$ 时，保证零售商从中获利；当 $w>c_m$ 时，保证供应商从中获利；当 $s>c_m$ 时，保证供应商愿意生产农产品，而不是直接从现货市场上直接购买；当 $c_r>v$ 时，保证供应商不会从多余生产的单位残值中获得任何收益；当 $c_m>v$ 时，保证零售商不会通过恶意的订货量获取任何额外残余价值。

7.3 农产品供应商和零售商供应链协调决策模型

7.3.1 集中决策模型

集中决策下农产品供应商和零售商共同做出最优决策（chain-cooperation，cc）行为，以农产品供应链整体收益最大化为目标。因此供应链系统集中决策下期望收益都表示为

$$\begin{aligned}E\left(\pi^{cc}\right)&=p\min(q,d)+v\left((q-d)^{+}+(l\Delta-q)^{+}\right)\\&\quad-g(d-q)^{+}-c_{r}Q-c_{m}L-s(q-l\Delta)^{+}\\&=p\left(q-\int_{0}^{q}F(x)\mathrm{d}x\right)+v\left(\int_{0}^{q}F(x)\mathrm{d}x+l\mu_{1}-q+l\int_{a}^{\frac{q}{l}}G(y)\mathrm{d}y\right)\\&\quad-g\left(\mu_{2}-q+\int_{0}^{q}F(x)\mathrm{d}x\right)-c_{r}q-c_{m}l-sl\int_{\frac{q}{l}}^{q}G(y)\mathrm{d}y\end{aligned} \quad (7.1)$$

命题 1 在集中决策下，供应链系统期望收益 $E(\pi^{cc})$ 是关于订货量 q 和计划生产量 l 的严格凹函数，且两者满足：

$$\begin{cases}q^{cc^{*}}=F^{-1}\left(\dfrac{p-v+g-c_{r}+(v-s)G\left(\dfrac{q^{cc^{*}}}{l^{cc^{*}}}\right)}{p-v+g}\right)\\\int_{a}^{\frac{q^{cc^{*}}}{l^{cc^{*}}}}G(y)\mathrm{d}y=\dfrac{v u_{1}-c_{m}}{s-v}+\dfrac{q^{cc^{*}}}{l^{cc^{*}}}G\left(\dfrac{q^{cc^{*}}}{l^{cc^{*}}}\right)\end{cases}$$

证明：对式（7.1）求关于 q 的一阶偏导数得

$$\frac{\partial E\left(\pi^{cc}\right)}{\partial q}=p-F(q)(p-v+g)+v\left(G\left(\frac{q}{l}\right)-1\right)+g-c-sG\left(\frac{q}{l}\right) \quad (7.2)$$

再求关于 q 的二阶偏导数得

$$\frac{\partial^{2}E\left(\pi^{cc}\right)}{\partial q^{2}}=-f(q)(p-v+g)+\frac{v-s}{l}g\left(\frac{q}{l}\right) \quad (7.3)$$

$p>v_{r}$、$s>v$，显然式（7.3）为负，因此 $E(\pi^{cc})$ 是关于订货量 q 的严格凹函数。令式（7.2）等于零，可得（文中"*"表示最优值）

$$q^{cc^{*}}=F^{-1}\left(\frac{p-v+g-c_{r}+(v-s)G\left(\dfrac{q^{cc^{*}}}{l^{cc^{*}}}\right)}{p-v+g}\right) \quad (7.4)$$

同理，对式（7.1）求关于 l 的一阶偏导数得

$$\frac{\partial \pi^{cc}}{\partial l}=v\mu_{1}+(v-s)\left(\int_{a}^{\frac{q}{l}}G(y)\mathrm{d}y-\frac{q}{l}G\left(\frac{q}{l}\right)\right)-c_{m} \quad (7.5)$$

再求关于 l 的二阶偏导数得

$$\frac{\partial^2 \pi^{cc}}{\partial l^2} = (v-s)g\left(\frac{q}{l}\right)\frac{q^2}{l^3} \tag{7.6}$$

$s > v$，式（7.6）同样为负，因此$E(\pi^{cc})$也是关于计划生产量l的严格凹函数。令式（7.5）等于零，可得

$$\int_a^{\frac{q^{cc^*}}{l^{cc^*}}} G(y)\mathrm{d}y = \frac{vu_1 - c_m}{s-v} + \frac{q^{cc^*}}{l^{cc^*}} G\left(\frac{q^{cc^*}}{l^{cc^*}}\right) \tag{7.7}$$

命题1得证。由此可见，存在唯一的一组(q^{cc^*}, l^{cc^*})使系统期望收益取到最大值，这也是供应链协调的必要条件之一。

订货量q也可表示供应商的产出量，但是又不可以完全等同于传统意义的产出量，因为满足零售商订货量的农产品可能完全来自供应商生产，也可能部分来自供应商的生产。另外一部分来自现货市场的购买，在此统称为供应商的产出。计划生产量l实际上是供应商的实际投入数量，只是生产过程的不确定性导致实际产出要小于等于实际投入。因此，$\frac{q}{l}$实际上表示供应商的产出投入比，令产出投入比为$z = \frac{q}{l}$。式（7.7）的含义为集中决策下供应商的产出投入比z由供应商的成本系数、剩余产量残值和不确定产出因子的均值和分布函数所决定。反之，给定了这些参数值，供应商的计划生产值与零售商的订购数有关。

整理出集中决策下最优的供应链系统期望收益为

$$E(\pi^{cc}) = (p - v + g)\int_0^{q^{cc^*}} xf(x)\mathrm{d}x - g\mu_2 \tag{7.8}$$

7.3.2 分散决策模型

在分散决策情形中，供应链主体成员之间不存在共同决策关系（no-cooperating, nc），供应商和零售商均为独立决策个体，只考虑自身收益最大化。供应商首先制定农产品的批发价格，其次零售商做出最优销售价格决策，最后供应商结合零售商决策结果修正最终批发价格。本章研究的分散决策是基于批发价格契约$\{w\}$（$w > c_m$），采用逆序倒推法。零售商期望收益表示为

$$\begin{aligned}E(\pi_r^{nc}) &= p\min(q,d) + v(q-d)^+ - wQ - c_r Q - g(d-q)^+ \\ &= p\left(q - \int_0^q F(x)\mathrm{d}x\right) + v\int_0^q F(x)\mathrm{d}x - wq - c_r q - g\left(\mu_2 - q + \int_0^q F(x)\mathrm{d}x\right)\end{aligned}$$
$$\tag{7.9}$$

鉴于命题 1，可知零售商的期望收益 $E(\pi_r^{nc})$ 是关于订货量 q 的严格凹函数，即存在唯一最优的订货量 q^{nc^*}，且最优订货量 q^{nc^*} 满足：

$$q^{nc^*} = F^{-1}\left(\frac{p+g-w-c_r}{p+g-v}\right) \tag{7.10}$$

将式（7.10）代入式（7.9）中得零售商最优期望收益为

$$E\left(\pi_r^{nc^*}\right) = (p+g-v)\int_0^{q^{nc^*}} xf(x)\mathrm{d}x - g\mu_2 \tag{7.11}$$

分散决策下供应商期望收益为

$$\begin{aligned} E\left(\pi_m^{nc}\right) &= wq + v(l\Delta - q)^+ - c_m l - s(q - l\Delta)^+ \\ &= wq + vl\mu_1 - vq + (v-s)l\int_a^{\frac{q}{l}} G(y)\mathrm{d}y - c_m l \end{aligned} \tag{7.12}$$

同理，供应商期望收益 $E(\pi_m^{nc})$ 是关于计划生产量 l 的严格凹函数，即存在唯一最优的计划生产量 l^{nc^*}，且最优计划生产量 l^{nc^*} 满足：

$$\int_a^{\frac{q^{nc^*}}{l^{nc^*}}} G(y)\mathrm{d}y = \frac{v u_1 - c_m}{s-v} + \frac{q^{nc^*}}{l^{nc^*}} G\left(\frac{q^{nc^*}}{l^{nc^*}}\right) \tag{7.13}$$

将式（7.13）代入式（7.12）中得供应商最优期望收益为

$$E\left(\pi_m^{nc^*}\right) = q^{nc^*}\left(w - v + (v-s)G\left(\frac{q^{nc^*}}{l^{nc^*}}\right)\right) \tag{7.14}$$

命题 2 分散决策下零售商的最优订货量 q^{nc^*} 和供应商的最优计划生产量 l^{nc^*} 均小于集中决策下的最优订货量 q^{cc^*} 和供应商的最优计划生产量 l^{cc^*}，但两者的产出投入比是相等的。

证明：由式（7.7）和式（7.13）可知 $z^{cc^*} = \frac{q^{cc^*}}{l^{cc^*}} = z^{nc^*} = \frac{q^{nc^*}}{l^{nc^*}}$，因为供应商的收益肯定大于零，从式（7.14）可得出 $w > v + (s-v)G\left(\frac{q^{nc^*}}{l^{nc^*}}\right) = v + (s-v)G\left(\frac{q^{cc^*}}{l^{cc^*}}\right)$，所以：

$$q^{nc^*} = F^{-1}\left(\frac{p+g-w-c_r}{p+g-v}\right) < F^{-1}\left(\frac{p+g-v-(s-v)G\left(\frac{q^{cc^*}}{l^{cc^*}}\right) - c_r}{p+g-v}\right) = q^{cc^*}$$

因为 $\dfrac{q^{cc^*}}{l^{cc^*}} = \dfrac{q^{nc^*}}{l^{nc^*}}$，所以 $l^{nc^*} < l^{cc^*}$。命题 2 得证。

由上述可知，在批发价格契约中存在唯一纳什均衡解 $\{q^{nc^*}, l^{nc^*}\}$。命题 2 表明，$q^{nc^*} \neq q^{cc^*}$ 和 $l^{nc^*} \neq l^{cc^*}$。又由伏红勇和但斌（2015）在分析供应链协调时提出批发价格契约不能协调该供应链，因此纳什均衡下的供应链系统期望收益 $E(\pi_r^{nc}) + E(\pi_m^{nc})$ 小于集中决策下的供应链系统期望收益。显然，在不确定情况下产生了分散决策下期望收益小于集中决策下期望收益的双重边际效应。为消除此效应，本章将采用回购契约对供应链进行协调研究。

7.4 回购契约协调决策模型

供应链契约机制是供应链协调中最为常用的手段，供应链契约本质上是一种激励机制，它通过改变供应链的激励结构，而使供应链达到协调运作状态。

回购契约是在实践中较为常见的一种协调机制，零售商面对的是不确定的需求，做出订购决策后，既有可能面对缺货损失，也有可能面对销售末期的过剩产品，可见零售商承担着需求不确定造成的风险。供应商与零售商通过签订回购销售过剩产品契约 $\{w, \eta\}$（$w > c_m$），既可以使零售商的风险降低，激励订购更多的产品，还可以使零售商不会贱卖产品而导致供应商企业形象受损，因此零售商完全可以相信回购契约能够收益。在回购契约（buy-back，bb）条件下，供应商对于零售商过剩农产品以 η 的价格进行回购农产品，且保证回购价格会高于农产品的残值但低于批发价格，即 $v < \eta < w$。

在回购契约下，零售商的期望收益为

$$\begin{aligned} E(\pi_r^{bb}) &= p\min(q,d) + \eta(q-d)^+ - g(d-q)^+ - wQ - c_r Q \\ &= p\left(q - \int_0^q F(x)\mathrm{d}x\right) + \eta \int_0^q F(x)\mathrm{d}x - g\left(\mu_2 - q + \int_0^q F(x)\mathrm{d}x\right) - wq - c_r q \end{aligned}$$

（7.15）

此时，存在唯一的最优订货量 q^{bb^*} 使得零售商期望收益取到最大值，且 q^{bb^*} 满足：

$$q^{bb^*} = F^{-1}\left(\dfrac{p+g-w-c_r}{p+g-\eta}\right) \tag{7.16}$$

在回购契约下，零售商的最大期望收益为

$$E\left(\pi_r^{\text{bb}^*}\right) = (p+g-\eta)\int_0^{q^{\text{bb}^*}} xf(x)\mathrm{d}x - g\mu_2 \tag{7.17}$$

此时供应商的期望收益表示为

$$E\left(\pi_m^{\text{bb}}\right) = wq + v\left[(l\Delta-q)^+ + (q-d)^+\right] - c_m l - s(q-l\Delta)^+ - \eta(q-d)^+$$
$$= wq + vl\mu_1 - vq + (v-s)l\int_a^{\frac{q}{l}} G(y)\mathrm{d}y - c_m l + (v-\eta)\int_0^q F(x)\mathrm{d}x \tag{7.18}$$

存在唯一的最优计划生产量 l^{bb^*} 使得供应商期望收益取到最大值，且 l^{bb^*} 满足：

$$\int_a^{\frac{q^{\text{bb}^*}}{l^{\text{bb}^*}}} G(y)\mathrm{d}y = \frac{v\mu_1 - c_m}{s-v} + \frac{q^{\text{bb}^*}}{l^{\text{bb}^*}}G\left(\frac{q^{\text{bb}^*}}{l^{\text{bb}^*}}\right) \tag{7.19}$$

在回购契约下，供应商的最大期望收益为

$$\pi_m^{\text{bb}^*} = q^{\text{bb}^*}\left(w - v + (v-s)G\left(\frac{q^{\text{bb}^*}}{l^{\text{bb}^*}}\right)\right) + (v-\eta)\int_0^{q^{\text{bb}^*}} F(x)\mathrm{d}x \tag{7.20}$$

命题 3 回购价格 η 须满足式（7.21），才能使供求不确定下的供应链实现协调，且回购契约下产出投入比等于集中决策下的产出投入比。

证明：为了保证回购契约起到协调的效果，$q^{\text{bb}^*} = q^{\text{cc}^*}$，得出：

$$\eta = p + g - \frac{(p-v+g)(p+g-w-c_r)}{p+g-c_r-v+(v-s)G\left(\frac{q^{\text{bb}^*}}{l^{\text{bb}^*}}\right)} \tag{7.21}$$

因为 $q^{\text{bb}^*} = q^{\text{cc}^*}$，又由式（7.7）和式（7.19）可知：$l^{\text{bb}^*} = l^{\text{cc}^*}$，因此 $z^{\text{cc}^*} = \frac{q^{\text{cc}^*}}{l^{\text{cc}^*}} = z^{\text{bb}^*} = \frac{q^{\text{bb}^*}}{l^{\text{bb}^*}}$。命题 3 得证。

结合命题 2 可知，无论供应链采用何种决策方式，供应商和零售商之间的决策通过产出投入比值相互影响，在其他参数都确定情况下，该比值是一个固定值。

将式（7.21）代入式（7.17）中得

$$E\left(\pi_r^{\text{bb}^*}\right) = \frac{(p-v+g)(p+g-w-c_r)}{p+g-c_r-v+(v-s)G\left(\frac{q^{\text{bb}^*}}{l^{\text{bb}^*}}\right)}\int_0^{q^{\text{bb}^*}} xf(x)\mathrm{d}x - g\mu_2 \tag{7.22}$$

经化简得

$$E\left(\pi_r^{\text{bb}^*}\right) = \frac{(p+g-w-c_r)}{p+g-c_r-v_m+(v_m-s)G\left(\frac{q^{\text{bb}^*}}{l^{\text{bb}^*}}\right)}\left(\pi^{\text{cc}^*} + g\mu_2\right) - g\mu_2。$$

设 $\lambda = \dfrac{p+g-w-c_r}{p+g-c_r-v_m+(v_m-s)G\left(\dfrac{q^{bb^*}}{l^{bb^*}}\right)}$，因此 $E\left(\pi_r^{bb^*}\right) = \lambda E\left(\pi^{cc^*}\right) + (\lambda-1)g\mu_2$，

此时供应商的期望收益可表示为 $E\left(\pi_m^{bb^*}\right) = (1-\lambda)E\left(\pi^{cc^*}\right) + (1-\lambda)g\mu_2$，因此在回购契约下供应链成员的期望收益为系统总期望收益的仿射函数。由于参数 λ 并不是回购契约中真实存在的，即 λ 大致可以进行供应链收益分配，只有当 $g=0$ 时，λ 才会成为回购契约下准确的收益分配系数。

供应链协调的目的是使分散决策下的供应链上各个节点企业收益和供应链系统的收益同时得到最大化。因此回购契约要想发挥完美的协调作用，模型得以实施的条件是契约参数要满足以下的基本条件：$\begin{cases} E\left(\pi_r^{bb^*}\right) \geqslant E\left(\pi_r^{nc^*}\right) \\ E\left(\pi_m^{bb^*}\right) \geqslant E\left(\pi_m^{nc^*}\right) \\ v_r < \eta < w \end{cases}$。于是可以得出合理的回购价格 η 和批发价格 w，回购契约协调需要同时调整批发价格和回购价格来确定参数 λ。

观察 $\lambda = \dfrac{p+g-w-c_r}{p+g-c_r-v+(v-s)G\left(\dfrac{q^{bb^*}}{l^{bb^*}}\right)}$，可知：

$\dfrac{\partial \lambda}{\partial w} = \dfrac{-1}{p+g-c_r-v+(v-s)G\left(\dfrac{q^{bb^*}}{l^{bb^*}}\right)}$，因为 $p+g-c_r-v+(v-s)G\left(\dfrac{q^{bb^*}}{l^{bb^*}}\right) > 0$，所以 $\dfrac{\partial \lambda}{\partial w} < 0$，即 λ 是关于 w 的单调减函数。

又由式（7.21）可知，$\dfrac{\partial \eta}{\partial w} = \dfrac{p-v+g}{p+g-c_r-v+(v-s)G\left(\dfrac{q^{bb^*}}{l^{bb^*}}\right)}$，因为 $p-v_r+g > 0$，所以 $\dfrac{\partial \eta}{\partial w} > 0$，即 η 是关于 w 的单调增函数。因此：

命题 4 在回购契约中，随着批发价格的增大，最佳的回购价格也会增大；在期望收益方面，零售商的期望收益会不断地减小，而供应商的期望收益则相应地增加。

证明：供应商期望收益 $E\left(\pi_m^{bb^*}\right) = (1-\lambda)E\left(\pi^{cc^*}\right) + (1-\lambda)g\mu_2$，$w$ 增加时 λ 减

小，因此 $E\left(\pi_m^{bb*}\right)$ 随 w 增大而增大，w 增加时 η 增大，即批发价格 w 递增，回购价格 η 递增，零售商的期望收益为 $E\left(\pi_r^{bb*}\right) = (p+g-\eta)\int_0^{q^{bb*}} xf(x)\mathrm{d}x - g\mu_2$，当 w 递增时 η 递增，$E\left(\pi_m^{bb*}\right)$ 却减小，因此当批发价增加时零售商期望收益值减小。命题 4 得证。

7.5 数值仿真

供应商和零售商为理性的决策者，依据自身收益最大化原则进行决策。本章选用的参数数据满足上述假设条件，通过数值仿真可以得到更丰富的管理启示。

为了简化计算，同时不失一般性，假设 $p=15$，$s=8$，$c_r=4$，$c_m=4$，$v=2$，$g=1$。供应商产出不确定因子满足均匀分布，即 $\Theta \sim U(0.6,1)$，均值 $\mu_1 = \dfrac{0.6+1}{2} = 0.8$，标准差 $\sigma_1 = \sqrt{\dfrac{(1-0.6)^2}{12}} = 0.115$。零售商面临的市场需求服从正态分布，即 $D \sim N(1000, 500^2)$，均值 $\mu_2 = 1000$，标准差 $\sigma_2 = 500$。批发价格 $w=7$，供应商回购价格 η 为 [4,8]，以步长 0.5 变化，其他参数不变。通过计算可以得出集中决策、分散决策下的供应链成员决策和期望收益，如表 7.2 所示。

表 7.2 各决策下最优决策和期望收益

决策情形	订货量	计划生产量	零售商期望收益	供应商期望收益	系统期望收益
集中决策	965	1 170	—	—	2 893.32
分散决策	815	988	1 438.55	1 324.38	2 762.93
回购契约	965	1 170	1 937.62	955.70	2 893.32

由表 7.2 可以看出，分散决策下的订货量、计划生产量和系统期望收益都要小于集中决策下的订货量、计划生产量和系统期望收益，说明双边际化效用的存在导致整体收益无法实现最优化，分散决策下批发价契约无法实行供应链协调，此时不同决策下的供应商的产出投入比均为 $z=0.825$。

上述中由回购契约的达成条件得出，当批发价格 $w=7$ 时，最优回购价格 $\eta=5.5$。从表 7.2 第 4 行中可以看出，订货量、计划生产量和供应链系统期望收益都达到同期的集中决策水平，零售商期望收益会高于分散决策水平，而供应商则会低于分散决策水平。因此直接在批发价契约前提下再签订回购契约只是达到了整体最优,而没达到所有局部都满意的效果,没有起到较好协调。

为使回购契约在销售季前起到较好协调作用,零售商和供应商之间需要契约参数的协调,即调整彼此间的回购价格。下面将调整回购价格在区间[4,8]以步长 0.5 变动,得出相应的批发价格、供应链成员决策和收益,计算结果如表 7.3 所示。

表 7.3 回购价格 η 对决策和期望收益的影响

回购价格	批发价格	订货量	计划生产量	零售商 期望收益	供应商 期望收益	系统 期望收益
4	6.32	965	1 170	2 337.13	556.19	2 893.32
4.5	6.56	965	1 170	2 198.09	695.23	2 893.32
5	6.79	965	1 170	2 059.04	834.28	2 893.32
5.5	7.03	965	1 170	1 919.99	973.33	2 893.32
6	7.27	965	1 170	1 780.94	1 112.38	2 893.32
6.5	7.50	965	1 170	1 641.90	1 251.42	2 893.32
▲7	▲7.74	▲965	▲1 170	▲1 502.85	▲1 390.47	▲2 893.32
7.5	7.98	965	1 170	1 363.80	1 529.52	2 893.32
8	8.21	965	1 170	1 224.76	1 668.56	2 893.32

观察表 7.3 可以看出,当 $\eta=7$、$w=7.74$(表中"▲"标出)时,回购契约起到较好协调的作用,此时零售商和供应商的收益全部大于分散决策下的收益,并且整个系统的期望收益已达到集中水平下的期望收益,但是,其实调整出的契约系数并不是唯一的,而是一个合理区域。为发现该合理区域,当回购价格在区间[4,8]变动时,做出相应的批发价格、零售商收益、供应商收益的变化如图 7.1 所示。

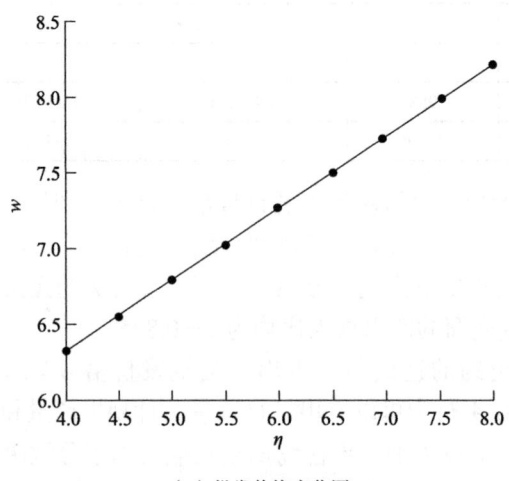

(a)批发价格变化图

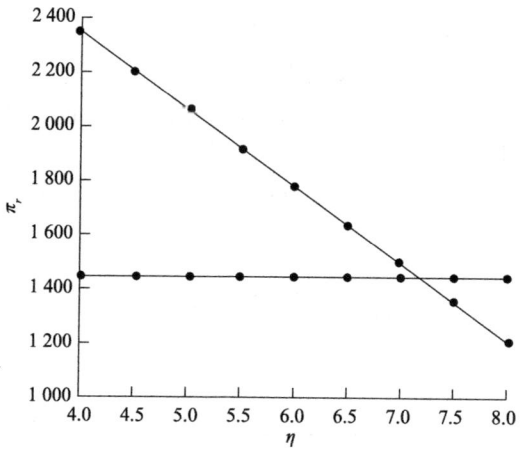

(b) 零售商收益变化图

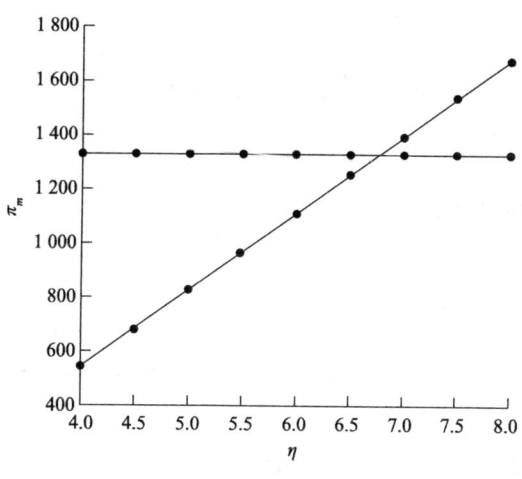

(c) 供应商收益变化图

图 7.1 回购价格对决策变量的影响

从图 7.1 中可以看出,随着回购价格 η 的增加,批发价格 w 处于缓慢上升的趋势,而且结合表 7.3 可知订货量 q 和计划生产量 l 均等于集中决策水平下的订货量和计划生产量;零售商的期望收益与回购价格成反比,而供应商的期望收益与其成正比。图 7.1 (b) 和图 7.1 (c) 中横线表示分散决策下成员收益,在图 7.1 (b) 中,当 η 小于交点回购价格时零售商的期望收益大于分散决策下的期望收益,否则小于分散决策下的期望收益。而对于供应商而言,却恰恰相反,并且供应商交点对应的回购价格要小于零售商交点对应的回购价格。因此,认为在大于供应商回购价格交点且小于零售商回购价格交点区域中的回购价格都会完美地协调系统。从表 7.3 数据中看出,回购价格 $\eta = 7$ 明显处于该合理区域中,在图 7.1 的

(b) 和 (c) 中更加明显。

综合表 7.2 和图 7.1，在回购契约下，供应商的产出投入比也都为 $z = 0.825$，虽然供应链总体收益达到了集中决策水平，但是双方协商过程中只有一种双赢方案，零售商和供应商的期望收益会同时高于分散决策时的期望收益，也就是当批发价格 $w = 7.74$，回购价格 $\eta = 7$ 时，回购契约可以较好协调。

7.6 本章小结

本章以供应商和零售商组成的农产品供应链为研究对象，在不确定环境下考虑到缺货损失和剩余残值风险的存在，在引入产出投入比基础上，分析了 3 种供应链决策模型，即集中决策模型、分散决策模型和供应链协调决策模型，并通过数值分析验证了模型的有效性和可行性。研究结果表明：

（1）分散决策下批发价格契约中系统总期望收益都小于集中决策下的系统总期望收益，最优计划生产量和订货量也都小于集中决策水平的决策值，并且集中决策下期望收益是计划生产量和订货量的联合凹函数，分散决策下供应商的期望收益是计划生产量的凹函数，零售商的期望收益是订货量的凹函数。分散决策下的供应商产出投入比达到了集中决策水平，且双方要就协调契约达成共识，供应商产出投入比值也需达到集中决策水平。

（2）回购价格与批发价格成正比，供应商制定批发价格取决于双方的讨价还价能力，零售商的期望收益与协商后的批发价格成反比，供应商的期望则与其成正比。

（3）回购契约下供应链系统可以达到较好协调效果，但最佳的解决方案不是唯一的纳什均衡解，依赖于契约参数的取值，最终供应链成员的期望收益为系统总期望收益的仿射函数。

8 广西农产品供应链管理模式分析

8.1 广西农产品供应链的未来发展模式

为实现广西农业经济的进一步发展,广西农产品供应链管理的首要任务就是顺应当前农产品流通的整体发展趋势,并结合自身客观发展现状及资源条件,总结出一套适合自身发展的合理、创新、高效、规范的组织发展模式,以系统化、科学化地指导广西农产品供应链下一阶段的发展。

本章从电子商务供应链及市场营销的角度构建了下一阶段广西农产品供应链管理模式发展目标模型,如图 8.1 所示。

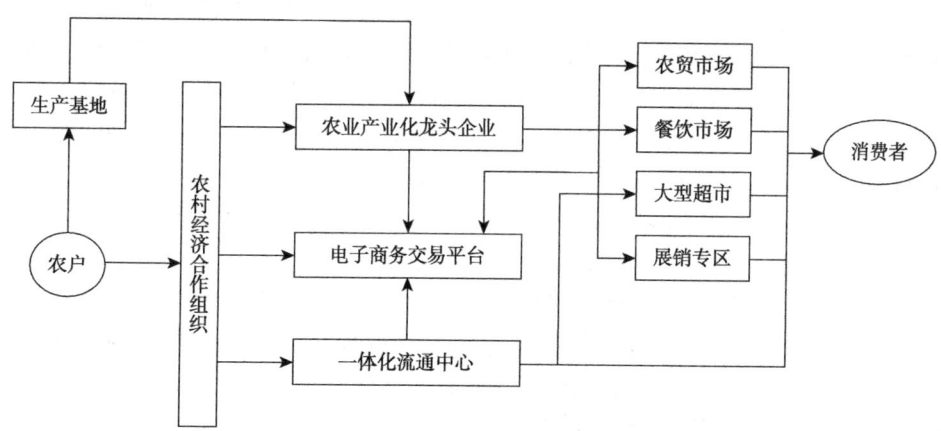

图 8.1 广西农产品供应链管理模式发展目标模型

为了实现这一发展目标模型,广西农产品供应链管理模式下一步发展的主要任务与举措有以下几点。

1)变革旧有农业基层组织,培养新的农产品流通主体

调整供销社的内部组织结构,建设新型的经营服务体系。供销社将根据农产

品供应链体系管理的要求，改造成服务农民的专业性农业组织，使其适应新型经营服务体系的要求，协调、监督和教育培训农业从业人员，加快职能和机制转变，完善社有资产的管理、监督和运营。县级供销社机关所需经费，在精简机构和人员的基础上，严格核定支出，纳入同级财政预算。

通过对基层供销社组织结构和经营体制的改造，将基层供销社打造成农业专业化生产的基层组织，使其逐渐渗透到广西农产品供应链的各个环节，包括加工、冷藏、运输、终端销售等，为广西农业生产者顺利组织农产品的生产与销售创造良好的组织服务环境。

充分发挥基层供销社的组织服务作用，应当从以下几个方面对基层供销社组织进行调整：①充分利用基层供销社的农业科学技术和资金优势，对广西农业生产者进行先进农业生产技术和理念的培训，引导农业生产者主动联合创办专业性的农业合作组织；②对供销社体系进行内部组织结构调整，彻底改变其计划经济时代遗留下来的经营体制和运营体制，使其适应社会主义市场经济体制的变革，通过对市场经济杠杆的充分运用达到平衡农产品供应链企业经济利益的改革目标；③充分利用互联网技术和电子商务技术，对供销社体系下覆盖的农产品供应链进行市场化和信息化整合，最终达到信息流、物流和资金流的和谐统一，保证广西现代化农产品供应链体系的建设和完善。

2）加强农村组织化程度建设，完善农村合作组织

由于生产经营规模小，资金和农业信息化整合能力弱，广西农业生产者呈现出组织化程度低、市场信息反应滞后的弱市场主体表现，而且随着市场经济的发展，农产品生产经营全面放开，以家庭为单位的农业生产者因为市场信息不对称、综合谈判能力弱等原因，更加无法在传统的供应链体系中获得合理的经济利益分割。因此，提高农民组织化水平尤为关键。

首先，对农民进行市场经济知识和信息技术的培训，引导其利用网络系统了解市场信息，根据市场信息做出合理的生产决策。

其次，由于中国是以家庭为单位的农业生产格局，小生产和大市场之间的矛盾尤其尖锐，农户在市场中的谈判能力弱，所以建议广西各级人民政府根据本地区区域性特点，引导广西农业生产者建立具有区域特色、专业集聚的农业合作组织，提高分散农户的组织化程度和信息化水平，增强农户的市场风险抵御能力和承受能力，最终使农户能够在农产品供应链上取得合理经济利益的分配。

为实现该项目标，可通过以下几个方面的措施。

（1）广西地理环境相对复杂，农产品的区域性分布的特点明显，所以政府应当按照区域进行规划，根据各地区的特色农产品，重点培育和扶持该区域专业性的农业合作经济组织，并围绕该区域内的支柱产业和核心农产品，建立和完善专业的技术服务机制、产品生产规范和统一的品牌营销策略，从而提高该区域的

整体市场经济能力,并且将供应链上的相关企业通过各种利益形式,紧密地联结在一起,形成稳固的利益共同体。政府部门需要从政策支持、市场监管等多个维度对农产品供应链进行服务和监管,保证农产品供应链的健康良性运转。

(2)通过股份制改造,激发农业经济合作组织的市场活力。将农产品供应链上下游的企业通过股份制改造的形式紧密的联结在一起,有效地提高供应链的稳定性和信息的畅通性,极大地提高了供应链的生产效率。尤其是普通农户入股供应链上的龙头企业,提高农户的组织化程度和生产的积极性,增加供应链农产品的市场竞争力。

(3)确保在农业技术革新和推广方面的经费投入,从国家战略的高度保证农业科研成果的研发和终端推广运用,积极发挥地方政府的作用,引导其提高科研和推广方面的投入;保障世界先进水平技术和设备的引进和应用;加强专业化培养计划,针对农业劳动者提供专业培训等。

(4)完善农业经济合作组织管理的相关规章制度,规范和发展以农产品为纽带的各类协会、商会等自律性组织,保障处于弱市场主体地位的农业生产者的合法权益,规范农业经济合作组织的运营体制。

3)完善农产品终端销售渠道和市场体系

建立健全农产品市场体系是发展农产品流通体系的基础性工作。在新的形势下,积极推进农产品流通体系建设,迫切需要在市场体系框架建设方面取得重点突破。

(1)建立虚拟的电子农产品供应链体系。农产品供应链的本质是通过对供应链企业的经营体制和运营体制的内部整合,达到链上企业在信息、物流等方面高度协调一致,形成供应链规模效应,最终实现供应链整体增值的目的。因此,畅通的信息流和稳定的链条组织结构是农产品供应链管理的基础。

科学技术的发展,尤其是信息技术在生产生活中的广泛应用,使中国经济与世界经济的联系不断加深,并且日益融合。中国的农业发展体制也受到世界经济全球化和区域经济一体化进程的冲击,呈现出产业化矛盾,即农业发展的制约点由生产领域向市场流通领域转移,农业利益的分割点从农业企业间的利益分割转化为农产品供应链间的利益分割。而广西农产品"小生产,大流通"的格局和不完善的农产品流通体系导致农产品供应链中的物流、信息流和资金流更加复杂、多变,供应链不畅通性和不稳定性问题更加严重,从而使广西农产品供应链的发展受到严重制约,进而严重阻碍了广西农业产业化的进程。因此需要大力打造以信息化建设为先导,符合广西农业经济产业化发展进程和专业化进程要求的,以现代物流流通为依托保障的现代化农产品市场网络。

(2)培育大型农产品流通企业,逐步完善农产品基础设施建设。为了健全农产品流通市场体系,解决渠道及功能单一的问题,广西各地政府及商业部门加大了对农产品交易市场建设投入的力度，加快了农村商业设施的建设和改造，积极改善城乡农产品经营环境，很大程度上改善了农产品流通渠道的基础设施条件。

引入市场竞争机制，逐步形成多元化的农产品流通模式。目前中国农产品市场基本形成了龙头企业带动型、专业批发市场带动型、生产基地带动型、专业合作社带动型、专业协会带动型及网络带动型等多种农产品流通模式并存的流通格局，每一种创新模式都在一定程度上减少了流通环节，降低了交易成本，提高了对农产品市场的应变能力，对引导农民走向市场，解决"小生产"与"大市场"这一农业产业化及农产品流通核心问题具有重要意义。

（3）构建农产品物流配送体系，实施现代流通方式。提高农产品物流体系中的专业化农业合作组织整体水平。虽然以上各种新型流通模式的出现在很大程度上改善了"小生产"与"大市场"的矛盾，但农户生产与流通的弱质性问题依然严重阻碍着农户真正有效平等的走向市场，而由农户自由自愿参与组织的各级专业合作组织的出现和发展极大地解决了这一问题。因此近几年，各地政府、商业部门及农业大户纷纷通过成立区域性专业化农业经济合作组织，整合分散农户，形成区域性集聚效应，突破行业限制，实现跨区域联合，极大地促进了农产品流通的进一步发展。

各级流通组织都认识到了农产品营销的重要性，以农产品展销会为基础平台，积极采取"品牌营销""关系营销""网络营销"等一系列前沿营销策略，很大程度上增强了农产品流通的辐射力和影响力，而且，物流基础设施、技术有了一定程度的发展与提高，第三、四方物流思想也有了一定的发展和应用，这为广西农产品流通下一步的发展与演变提供了物质与理论支持。

8.2 广西农产品供应链发展对策分析

广西经济的高速发展，面向东盟的中国—东盟区域经济一体化进程的加快，广西农产品供应链面临着新的挑战，要求对农产品供应链进行不断的创新，创造出新的农产品供应链模式。通过对广西农产品供应链现状和问题、收益分配方法、供应链网络设计及鲁棒优化模型等问题的研究，促进农产品供应链的稳健发展，应采取以下的对策。

8.2.1 加强农产品保鲜物流体系建设

在广西农产品保鲜物流体系建设中，应该着重以下几个方面。

（1）相关部门应遵循广西经济发展和冷链物流规划，大力扶植从事农产品保鲜物流的企业，给予一定的优惠政策，鼓励其加大农产品冷链物流配套设施的投入，配备相应数量的冷链运输车辆，在农产品物流据点建设各类冷库，从而达到将不同类型的农产品分类储藏的效果。

（2）成立冷库和冷藏物流企业组织的经济协会。协会可吸收包括保鲜物流服务公司、制冷工业厂商和与之有关的商业公司和供应商。协会可以在会员间进行协调，促进广西农产品保鲜业的发展。

（3）提高冷链运送从业人员的专业素质培养。某些冷链物流配送人员，为了节约成本，甚至会发生在运输途中把冷气关闭等行为，这种行为将造成农产品供应链下游销售企业的损失。从长远来看，也将造成下游销售企业对于配送企业的不信任，从而导致整个农产品供应链的低效运作，因此提高广西农产品冷链物流配送人员素质相当重要。广西农产品物流配送企业应加强对冷链物流配送人员的培训和配送过程中的监管，相关部门应协助进行监督。

（4）做好农村道路建设。农村公路是农产品物流的主要载体，也是农产品流向全国、全世界的路径。要做到村村通公路，完善公路网络，提高公路网的通达深度和能力，确保农产品的运输道路畅通无阻，物畅其流。

（5）加强农产品保鲜科研方面投入。政府相关部门应鼓励高校和相关研究部门加强对农产品保鲜手段的研究。在整个农产品供应链上，技术创新是农产品供应链发展的重要支撑和动力。因此，要始终把技术创新放在突出位置。实际上，加强农产品流通环节的保鲜、运输、储存等技术研发力度的效益不亚于生产环节的技术研发。加大农产品供应链管理技术的研发力度，需要政府和企业各方的努力，政府有关部门和科研机构在农业技术研发规划中应加强对农产品流通环节技术的投入或支持力度，农业产业化中的龙头企业更应该将此方面的研究放在重要地位。在研究过程中，要不断地吸收发达国家和国内先进企业的物流技术，经改进后，应用于广西农产品供应链实际运行中。

8.2.2　完善农产品物流信息化建设

农产品物流信息化是整个供应链活动中各环节之间的联系纽带，也是现阶段广西农产品供应链活动能够顺利完成的基本条件。完善农产品物流信息化建设，可以从以下两方面着手。

（1）建立广西农产品企业供应链信息管理系统。供应链信息管理系统就是对企业物流相关信息进行加工处理，以实现对物流的有效控制和管理，并为供应链管理人员提供战略及运作决策支持。其基本要求是通过数据交换（electronic data interchange，EDI）和时点销售信息（point of sale，POS）实现数据的自动采集和交换，达到整个产业链上的企业信息共享。抓好物流信息整合，可以利用信息化带动物流的现代化。农产品物流企业要抓住经济全球化和物流信息化带来的机遇，充分利用现代信息技术，不断提高物流企业的信息化水平，推动物流内部流程改造，积极探索物流一体化管理，大力推进公共信息平台建设，建立健全电子商务认证体系、网上支付系统和物流配送管理系统，促进信息资源共享。

（2）建立广西农产品供需交流平台。农民可以组成协会，以协会形式或者合作组织单位参加农产品交易。目前我国除了阿里巴巴能兼顾农产品供需交流信息之外，还有农业农村部和各省都建立了专门农产品供求信息网站，然而由于系统不够完善，存在着一定的交易风险，在此方面应予以加强。此外，广西农产品生产基地和物流园区的网络覆盖及使用偏低，因此大量的物流信息还没有通过供应链信息化平台销售，可能会造成销售价格方面不尽合理，甚至有可能会发生区域性农产品的损失。因而建议各农产品物流企业和农产品物流园区及配送网点加强信息化建设。

8.2.3　扶植农产品第三方物流企业

农产品第三方物流具有以下优势：一是农产品第三方物流可以对农产品供应链资源进行有效整合，并加以充分利用；二是农产品第三方物流可以对农产品流通过程中的物流业务进行有效整合，从而不仅扩大了物流企业业务规模，提升了规模效益，而且可以降低供应链成本，减少浪费；三是农产品第三方物流企业能加大资金的投入，完善物流基础设施和专用资产的建设。而目前广西专门从事农产品第三方物流的企业数量较少，政府应通过一些优惠政策鼓励和扶植农产品第三方物流企业，培养出农产品物流企业中的龙头企业，从而带动广西农产品物流的发展。

在扶植广西农产品第三方物流企业发展的同时，还需要培养合格的农产品经纪人，并扩大农产品物流规模。

培养农产品经纪人也是提高农产品物流规模的有效手段。农产品经纪人是指从事农产品收购、储运、销售及销售代理、信息传递、服务等中介活动而获取佣金或利润的经纪组织和个人。农产品经纪人是把农产品推向市场，加快农产品流转为商品速度的有效联结点。农产品经纪人的经纪活动可以促进农业产业结构合理化。一方面，农产品经纪人可以使农业的产业结构顺应市场发展趋势而逐渐地趋于合理；另一方面，农产品经纪人掌握着农产品的供求状况，担负着农产品市场变化的信息传递任务，对农业生产起着一定的引导作用，而且可以把零散的农产品集中起来进行交易，从而加快农业产业化的经营。因而农产品经纪人将对扩大农产品物流规模化和专业化中起到至关重要的作用。

8.2.4 加强供应链上农产品的质量监控

近年来，中国的食品安全事件频频产生，这就促使人们更加关心农产品的质量安全问题。例如，"大头娃娃"奶粉、苏丹红辣酱、"毒酱油"、"瘦肉精"、"毒大米"、"毒韭菜"等一系列的食品安全事件，涉及农产品的占相当大一部分，一度造成了消费者的恐慌。消费者对食品的信任程度大大降低。民以食为天，加强食品安全的监管，能够加强人们对整个社会和政府的信任，有利于社会的稳定。加强食品安全，也要加强农产品在物流过程中的监控。

除了农产品安全问题，另一个需对农产品监控的原因是，随着社会的发展和整体生活水平的提高，人们的消费取向已经发生很大的变化。目前在农产品消费方面已经由过去的单纯追求农产品的价格低和数量大转变为将农产品的质量放在首位。

另外，中国—东盟区域经济一体化进程的加快和广西经济的快速发展，对农产品质量和数量有更加严格的要求，这对于广西农产品供应链体系来说，既是一次挑战，也是一次机会，广西应该以经济快速发展为契机，进一步提升农产品的质量安全水平和增大农产品的供应量。

还应注意的是，广西许多农产品骨干企业虽然已通过国际标准化组织（International Organization for Standardization，ISO）、质量安全（quality safety，QS）等多项认证，但在实际执行过程中仍与国际标准存在较大差距。一些食品生产、消费的各个环节缺少责任的交接，没有相互约束的标准。因而，有时会出现广西出口的农产品由于农药残留品超标等而被退货或禁止进口，"绿色壁垒"已经成为广西农产品乃至中国农产品出口的障碍。

保证农产品质量除了在源头强化治理外，还应通过在农产品流通过程中加强监控。目前广西已经有绿色农产品防伪查询，但是农产品供应链全程监控与可追溯系统还不完善，应该建立一个农产品监控和包括运输环节在内的全程可追溯系统，使得这个系统成为农产品的生产者、消费者及农产品监管部门的有力管理手段和工具。系统可在农业等相关职能部门的协助下推广使用，该系统的用户可为农民合作组织、农产品协会、农产品物流中心、农产品监督管理部门。此外，政府应该实施农产品物流中心或者农产品经销公司的资质认证，要求从事农产品物流企业自身承担保证经营农产品安全无害的责任，如出现问题，取消其经营资质，并按照有关法律法规追究其责任。建立农产品供应链信誉保障体系，实行对农产品供应人、承销人和零售商的备案、不良记录通报制度和农产品安全责任连带制度。

8.3 广西农产品供应链前景预测

综观广西农产品供应链的发展可以看出，广西农产品供应链发展前景广阔，农产品供应链将以农产品加工、冷链物流、低温储运为突破口，充分挖掘各种资源，形成一批专业化的农产品物流和配送机构，实现农产品供应链的畅通和高效，从而带动农业产业化经营，从多层次、全方位提高农产品附加值，促进广西农业经济的健康、快速、协调发展。

8.3.1 大型批发市场向国际物流中心转变

广西农产品批发市场作为农产品最重要的流通环节，不仅要满足市民对农产品品种、质量、数量的多样化需求，也应满足市民消费和市容等更高层次的要求，这对广西农产品大型批发市场提出了更高的要求。为了满足这些要求，广西人民政府对大型批发市场进行了全面规划和升级改造，改造后的批发市场功能更齐全，辐射力更强，影响更大，而且充分考虑到信息化和网络化的需求，并能和配送中心对接，如新发地批发市场，就设置了三大功能区，即综合交易区、仓储加工配送区、农产品展销与商业服务区；建设了十个中心，即市场交易中心、拍卖中心、电子结算中心、信息网络中心、检测中心、仓储物流中心、加工配送中心、商务中心、展销中心、生活服务中心，并实施入场商户资格审定制度；落实入场交易产品的"三化标准"，建立全程可追溯制度；改进交易方式、结算手段；建立稳定的经纪人队伍，实施好市政府倡导的放心肉菜工程；构建管理系统，即以市场整体升级改造为契机，积极引进人才，大力推进市场建立现代企业制度，健全公司体制，并使之逐步具备投、融资功能，最终成为上市公司。以建设信息主导型农产品批发市场为目标，建立相对完备的农业信息系统，发布每日交易快讯，满足查询需要，提供最新动态报告，为广西农业信息系统建设做出应有的贡献。

8.3.2 绿色高附加值的农产品将大力推广

随着人们生活水平的提高，绿色高附加值的农产品将成为农产品供应链的主要营运对象，追求健康有质量的消费理念将深入人心，绿色的、无污染的、健康的农产品将成为未来人们消费的主要对象。人们的这种消费导向将带动相关的供应链活动，从而使"绿色、健康和环保"的理念贯穿于农产品供应链活动的全部环节，以保障农产品安全，促进农产品的健康和稳健发展。

此外，附加值高的农产品也将成为消费的主要目标，经过高工艺加工的农产品会比不加工的、没有质量认证的或者简包装的农产品更受欢迎。

8.3.3 农产品物流企业将得到蓬勃发展

随着政府对农产品物流的支持力度加大，以及农产品物流广阔的市场前景，农产品物流企业将会蓬勃发展。

如广西海吉星农产品国际物流有限公司（简称海吉星公司）由深圳市农产品股份有限公司控股组建，成立于2008年9月19日，注册资金15 000万元。由海吉星公司投资兴建的广西海吉星农产品国际物流中心（简称海吉星物流中心）项目位于南宁市江南区，总占地约700亩（1亩≈666.67平方米），总建筑面积约60万平方米，总投资约15亿元，由物流仓储、集散交易、商业服务、配套宿舍四大功能区组成。海吉星物流中心将立足广西、流通西南、面向全国、辐射东盟，综合食糖、茧丝、粮油、水果、蔬菜、副食品等品种，集交易、加工、配送、进出口贸易、电子商务等服务功能于一体，成为西南地区规模最大、功能最完善、配套最齐全、辐射最广阔的绿色、安全、高效的农产品现代物流中心。

因此，在可预见的时间内，广西将涌现更多的农产品物流企业，同时农产品物流业也将高速发展。

8.3.4 农产品供应链向产业化、规模化、网络化、标准化发展

农产品供应链向产业化、规模化、网络化、标准化发展，是农产品供应链发展的必然。农产品供应链产业化是把农产品物流向前延伸和向后延伸，组成产业链，按供应链管理思想进行农产品经营，以降低交易成本、减少损耗、缩短物流时间、提高农产品新鲜度和质量。大规模农产品物流在经营品牌、组织货源、利用信息和服务客户方面具有规模优势，同时，还可合理运用物流技术和设备，降低供应链成本。而网络化将给农产品物流提供信息平台，减少信息不对称造成的农产品浪费，提高物流合理性。标准化则有利于规范农产品物流过程，有利于进行农产品流通加工、推行冷链物流技术，同时适应农产品销售，便于包装、运输、储藏和消费。

8.3.5 将涌现出一批农产品著名品牌

随着农产品市场竞争的加剧，农业企业利用商标战略开拓市场，将成为农产品物流发展的方向。通过培育著名品牌，把广西土特产品提升为市场品牌。目前广西已经有榴花牌白砂糖、两面针牙膏、田七牙膏、三金牌中药药片、西瓜霜喷剂、象山牌罐头、桂林三宝（豆腐乳、辣椒酱、腐竹）、"老桂林"三花酒、漓泉牌啤酒、天保牌茴油、帆船牌松香、甲天下牌乳品、南方牌黑芝麻糊、都乐牌金嗓子喉宝、金花牌茉莉花茶、冰泉牌豆浆等。此外，桂林米粉、南宁老友面、柳州螺蛳粉、梧州龙舟腊味也蜚声区内外。

广西农产品品种多，产量大，其中甘蔗、水果、蔬菜、桑蚕、木薯、淡水水产、海水水产、松脂、中药材、香料、油料、剑麻、茶叶在全国占有重要地位，为农产品加工工业的发展提供了得天独厚的条件。但同样也存在着以下两个方面的劣势。

（1）多数地方不按标准生产农产品。品牌产品要从上游抓起，各地农产品的生产环境、生产过程、产品运输、贮藏、包装等均有待严格按标准生产。

（2）品牌发育程度还需要继续增强。广西农产品加工业的现有品牌，还需要继续增强，其中有较大影响力的是皇氏集团股份有限公司，该集团前身是广西皇氏甲天下乳业股份有限公司，成立于2001年5月，2014年12月更名为皇氏集团公司，该公司共有36家分、子公司及参股公司，其中5家乳品加工厂和27个标准化奶牛养殖基地。自2003年起，该公司水牛奶系列产品产销量名列全国第一，为中国最大的水牛奶生产加工企业，也因此被业内誉为"水牛奶之王"。作为我国水牛奶产业经营规模最大、技术实力最强的乳品企业，皇氏集团股份有限公司的水牛奶系列产品产量和销量均位居全国第一，在广西乳制品市场占有绝对的优势。

打造品牌，把"广西制造"变为"广西创造"，已成为广西企业努力的方向。建品牌一定要走有广西地方特色的创建品牌道路。根据广西农产品特点，可以从如下几个方面入手。

1. 大宗农产品产量大

广西的大宗农产品是粮食、甘蔗、水果、蔬菜、水产品等。广西已经从甘蔗的加工中打造出名牌产品榴花牌白砂糖，还可以拉长食糖产业链，打造出系列品牌，如生活用纸、酒精等。同时从优质大米、优质水果、优质蔬菜加工中打造新的品牌。

2. 特色农产品优势强

广西的特色农产品有八角、玉桂、罗汉果、沙田柚、剑麻,有水产品珍珠。20世纪前半叶,广西出的"天保茴油"享誉世界。这些特色产品,还要继续夯实基础,争取创出八角、玉桂、茴油、桂油、罗汉果、剑麻、沙田柚、珍珠等新的加工品牌产品。

3. 广西中药材道路宽

广西中药材物产丰富,有中药物种 4 623 种,其品种之多、产量之大,排在全国省、市、自治区第二位。从中药材中打造品牌,是广西创建品牌走过的最成功的路。广西的知名品牌,如两面针牙膏、田七牙膏、三金牌中药药片、湿毒清胶囊、金鸡胶囊、花红片、西瓜霜喷剂、都乐牌金嗓子喉宝、源安堂牌肤阴洁,差不多一半以上与中药材有关。中药是国宝,从中药材中打造品牌产品是一条康庄大道。

4. 地方农产品名声响

创建品牌,地方特色农产品是一大优势。广西除了共有的产品外,不少地方还有自己的特色产品,如横县的茉莉花、荔浦县的芋头、永福县的罗汉果,灵川县、兴安县的白果。

5. 传统加工品有潜力

梧州腊味、桂林米粉、柳州螺蛳粉、南宁老友面等都是传统产品,加工这些传统产品,各地都有自己的配方和经验,这些传统产品又非常受消费者欢迎。从这些产品中打造品牌产品,应当说是既有条件又有优势。

6. 香料加工业声誉高

茴油、桂油是广西极有声誉的农产品,产量占全国 80%以上。广西的八角、茴油、桂皮、桂油在世界香料市场上占有重要地位。广西又是全国最大的茉莉花、灵香草种植和加工基地。开展对茴油、桂油、茉莉花、灵香草的深加工,积极引进国际大型香料企业,培育具有广西特色的香料品牌,经过努力,应当是指日可待的。

7. 产品深加工学问深

统计数据显示,广西禽畜产品加工率只有 7%左右,水产品加工率也只有 16%。如何改变这些产品的加工结构,从初级产品发展到高级产品,从粗加工变成深加工,并从深加工中打造自己的品牌,是当前广西农产品供应链管理领域必须要努力完成的一个重大课题。例如,梧州市蛋白肠衣厂集中财力、物力、人力攻关,历经多次失败,终于生产出广西名牌产品——神冠牌蛋白肠衣,解决了肠衣过去完全依赖猪小肠的传统工艺,生产出人工制造的蛋白肠衣。神冠牌肠衣今天不仅在东南亚、北美占有较大市场份额,而且与世界同行中的老大英国德福公司的产品相比也毫不逊色。

8.4 本章小结

本章构建了广西农产品供应链管理模式的目标模型,同时提出了其发展对策,并对农产品供应链的发展前景进行了预测。主要工作包括以下几个方面。

(1)从电子商务供应链及市场营销的角度构建了下一阶段广西农产品供应链管理模式的目标模型,为了实现目标模型,提出了广西农产品供应链管理模式下一步发展的主要任务与举措,主要包括:变革旧有农业基层组织,培养新的农产品流通主体;加强农村组织化程度建设,完善农村合作组织;完善农产品终端销售渠道和市场体系等。

(2)分析了广西农产品供应链发展对策,主要包括加强农产品保鲜物流体系建设、完善农产品物流信息化建设、扶植农产品第三方物流企业和加强供应链上农产品的质量监控等。

(3)对广西农产品供应链的发展前景进行了预测,主要发展前景包括大型批发市场向国际物流中心转变,绿色高附加值的农产品将大力推广,农产品物流企业将得到蓬勃发展,农产品供应链向产业化、规模化、网络化、标准化发展,将涌现出一批农产品著名品牌等。

参 考 文 献

白世贞，姜丽华. 2008. 农产品供应链协调中的期权契约价值研究[J]. 物流技术，27（11）：93-95.

蔡建湖，黄卫来，黄光辉，等. 2007. 季节性商品销售活动中的两次订购模式[J]. 系统管理学报，16（6）：653-657，663.

曹艳媚，王咏红，高瑛. 2008. 农产品供应链绩效评价研究[J]. 安徽农业科学，36（8）：3400-3402.

陈安，刘鲁. 2000. 供应链管理问题的研究现状及挑战[J]. 系统工程学报，15（2）：179-186.

陈超. 2004. 猪肉行业供应链管理研究[M]. 北京：中国大地出版社.

陈军，但斌. 2009. 基于实体损耗控制的生鲜农产品供应链协调[J]. 系统工程理论与实践，29（3）：54-62.

陈云，王浣尘，沈惠璋. 2006. 电子商务零售商与传统零售商的价格竞争研究[J]. 系统工程理论与实践，（1）：35-41.

陈兆波，滕春贤，姚锋敏. 2011. 考虑服务水平的供应链网络动态模型研究[J]. 管理工程学报，25（1）：121-127.

戴化勇. 2008. 农产品供应链管理与质量安全关系的实证研究[J]. 湖北经济学院学报，6（1）：96-100.

但斌，陈军. 2008. 基于价值损耗的生鲜农产品供应链协调[J]. 中国管理科学，16（5）：42-49.

但斌，任连春，张旭梅. 2010. 质量影响需求下的二级供应链协调模型研究[J]. 工业工程与管理，15（4）：1-4，24.

丁利军，夏国平，葛健. 2004. 两次生产和订货模式下的供应链契约式协调[J]. 管理科学学报，7（4）：24-32.

方志耕，刘思峰. 2003. 基于纯策略的灰矩阵二人有限零和博弈模型研究[J]. 南京航空航天大学学报，35（4）：441-445.

冯颖，余云龙，吴茜. 2017. 剩余产品补贴下双边随机的农产品供应链协调[J]. 系统管理学报，26（3）：569-576.

伏红勇，但斌. 2015. 不利天气影响"公司+农户"下型订单契约设计[J]. 中国管理科学，23（11）：

128-137.

顾巧论，高铁杠，石连栓. 2005. 基于博弈论的逆向供应链定价策略分析[J]. 系统工程理论与实践，（3）：20-25.

广西统计局. 2001~2017. 广西统计年鉴[M]. 北京：中国统计出版社.

郭丽华，张明玉. 2006. 基于利润分配机制的农产品供应链分析[J]. 物流技术，（6）：47-49.

国家统计局. 2001~2017. 中国统计年鉴[M]. 北京：中国统计出版社.

韩旭. 2006. 超市生鲜供应链及其供应商研究[D]. 中国农业科学院硕士学位论文.

侯琳琳，邱菀华. 2008. 基于超模博弈的多零售商价格竞争的均衡分析[J]. 计算机集成制造系统，14（2）：379-385.

侯琳琳，邱菀华. 2010. 零售商价格竞争下供应链的均衡及协调研究[J]. 系统工程学报，25（2）：246-250.

侯雅莉，田蓓艺，周德群. 2008. 数量折扣契约对三阶层供应链的协调[J]. 工业工程，11（2）：25-28.

胡本勇，王性玉. 2010. 考虑努力因素的供应链收益共享演化契约[J]. 管理工程学报，24（2）：135-138.

胡冰川. 2015. 中国农产品市场分析与政策评价[J]. 中国农村经济，（4）：4-14.

胡丹丹，杨超. 2008. α-鲁棒随机截流选址问题的模型和算法[J]. 中国管理科学，16（6）：87-94.

胡定寰. 2005. 农产品"二元结构"论——论超市发展对农业和食品安全的影响[J]. 中国农村经济，（2）：12-18.

黄俊，李传昭，王怀祖. 2006. 供应链整合与多元化战略关系研究[J]. 科技进步与对策，23（6）：110-111.

黄祖辉，鲁伯祥，刘东英，等. 2004. 中国超市经营生鲜农产品和供应链管理的思考[J]. 商业经济与管理，（1）：9-13.

姜阳光，孙国华. 2009. 我国绿色农产品供应链的组织模式分析[J]. 物流技术，28（11）：151-153.

兰萍. 2008. 基于协同管理理论的安全农产品供应链研究[J]. 农村经济，（12）：94-96.

冷志杰，唐焕文. 2005. 大宗农产品供应链四维网络模型及应用[J]. 系统工程理论与实践，（3）：39-45.

李春成，张均涛，李崇光. 2005. 居民消费品购买地点的选择及其特征识别——以武汉市居民蔬菜消费调查为例[J]. 商业经济与管理，（2）：58-64.

李根道，熊中楷，李薇. 2006. 多个零售商竞争下的 Drop-shipping 供应链协调[J]. 科技管理研究，（10）：249-252.

李永飞，苏秦. 2013. 考虑随机需求及返回策略的供应链协调分析[J]. 软科学，27（2）：50-54.

廖丽，吴耀华，孙国华. 2010. 随机产量下的二级供应链契约协调[J]. 计算机集成制造系统，

16（8）：1734-1741.

廖涛, 艾兴政, 唐小我. 2009. 链与链基于价格和服务竞争的纵向结构选择[J]. 控制与决策, 24（10）：1540-1544, 1548.

林略, 杨书萍, 但斌. 2010. 收益共享契约下鲜活农产品三级供应链协调[J]. 系统工程学报, 25（4）：484-491.

林略, 杨书萍, 但斌. 2011. 时间约束下鲜活农产品三级供应链协调[J]. 中国管理科学, 19（3）：55-62.

林强, 叶飞. 2014. "公司+农户"型订单农业供应链的 Nash 协商模型[J]. 系统工程理论与实践, 34（7）：1769-1778.

凌六一, 郭晓龙, 胡中菊, 等. 2013. 基于随机产出与随机需求的农产品供应链风险共担合同[J]. 中国管理科学, 21（2）：50-57.

凌宁波, 朱凤荣. 2006. 电子商务环境下我国农产品供应链运作模式研究[J]. 江西农业大学学报（社会科学版）, 5（1）：91-94.

刘春林. 2007. 多零售商供应链系统的契约协调问题研究[J]. 管理科学学报, 10（2）：1-6, 18.

刘丽文. 2003. 供应链管理思想及其理论和方法的发展过程[J]. 管理科学学报, 6（2）：81-88.

刘瑞涵. 2008. 北京地产鲜果供应链整合模式研究[D]. 中国农业科学研究院博士学位论文.

刘永胜, 李敏强. 2004. 供应链库存协调策略研究[J]. 中国管理科学, 12（2）：49-54.

鲁其辉, 朱道立. 2009. 质量与价格竞争下供应链的均衡与协调策略研究[J]. 管理科学学报, 12（3）：56-64.

吕利娟, 郭小云, 王圣东. 2010. 带有常数返回率的动态易逝品供应链协调模型[J]. 数学的实践与认识, 40（22）：41-49.

吕志轩. 2008. 农产品供应链与农户一体化组织的引导：浙江个案[J]. 改革, （3）：53-57.

马士华, 李果. 2010. 供应商产出随机下基于风险共享的供应链协同模型[J]. 计算机集成制造系统, 16（3）：563-572.

马士华, 林勇. 2003. 供应链管理[M]. 北京：高等教育出版社.

马士华, 王鹏. 2006. 基于 Shapley 值法的供应链合作伙伴间收益分配机制[J]. 工业工程与管理, （4）：43-45, 49.

潘文安. 2006. 供应链伙伴关系、整合能力与合作绩效的实证研究[J]. 科技进步与对策, （5）：105-108.

庞胜明, 魏明, 岳同霞. 2005. 时效性农产品物流供应链及环节优化研究[J]. 物流技术, （10）：157-159.

彭红军, 周梅华. 2010. 两级生产与需求不确定的供应链生产订购决策[J]. 系统工程学报, 25（5）：622-628.

秦开大, 李腾. 2016. 多不确定条件下的订单农业供应链研究[J]. 经济问题, （2）：111-116.

邱若臻, 黄小原. 2007. 具有产品回收的闭环供应链协调模型[J]. 东北大学学报（自然科学版），28（6）：883-886.

曲道钢，郭亚军. 2008. 分销商需求与其努力相关时混合渠道供应链协调研究[J]. 中国管理科学，16（3）：89-94.

阮爱清，刘思峰，方志耕. 2008. 收益与进化阶段强相关的灰色进化博弈模型研究[J]. 控制与决策，23（6）：665-671.

沈翠珍，翟昊凌. 2004. 供应链管理的新阶段及企业多角化成长[J]. 工业工程与管理，（1）：68-71.

沈厚才，陶青，陈煜波. 2000. 供应链管理理论与方法[J]. 中国管理科学，8（1）：1-9.

沈厚才，徐进，庞湛. 2004. 损失规避偏好下的定制件采购决策分析[J]. 管理科学学报，7（6）：37-45.

宋海涛，林正华，苏欣. 2003. 带有二次订购和二次销售的报童问题[J]. 经济数学，20（1）：73-79.

孙华，赵庆祯. 2005. 农业供应链的结构类型研究[J]. 中国储运，（3）：52-55.

谭涛，李道国，王凯. 2007. 蔬菜产业链组织效率影响因素的实证研究——以南京市蔬菜行业为实证[J]. 科研管理，28（3）：63-69.

谭涛，朱毅华. 2004. 农产品供应链组织模式研究[J]. 现代经济谭涛，（5）：24-27.

唐宏祥，何建敏，刘春林. 2004. 多零售商竞争环境下的供应链协作机制研究[J]. 东南大学学报（自然科学版），34（4）：529-534.

田俊峰，杨梅，岳劲峰. 2012. 具有遗憾值约束的鲁棒供应链网络设计模型研究[J]. 管理工程学报，26（1）：48-55.

汪贤裕，肖玉明. 2009. 基于返回策略与风险分担的供应链协调分析[J]. 管理科学学报，12（3）：65-70.

王国才. 2003. 供应链管理与农业产业链关系初探[J]. 科学学与科学技术管理，（4）：46-48.

王虹，周晶，孙玉玲. 2011. 竞争环境下双渠道供应链的决策与协调研究[J]. 运筹与管理，20（1）：35-40.

王婧，陈旭. 2010. 考虑期权合同的生鲜农产品批发商的最优订货[J]. 系统工程理论与实践，30（12）：2137-2144.

王军，储胜. 2005. 供应链中批发商和零售商的批发价格模型[J]. 物流技术，（4）：51-53.

王凯，韩纪琴. 2002. 农业产业链管理初探[J]. 中国农村经济，（5）：9-12.

王宁，黄立平. 2005. 基于信息网络的农产品物流供应链管理模式研究[J]. 农业现代化研究，26（2）：126-129，144.

王勇，罗富碧，林略. 2006. 第四方物流努力水平影响的物流分包激励机制研究[J]. 中国管理科学，14（2）：136-140.

魏来，陈宏. 2007. 绿色农产品电子商务平台对于供应链垂直协作体系的影响研究[J]. 软科学，21（5）：68-71.

文晓巍. 2012. 随机生产状态下易变质产品的 EPQ 模型[J]. 系统工程, 30（9）: 44-50.

吴鹏, 陈剑. 2008. 考虑回收数量不确定性的生产决策优化[J]. 系统工程学报, 23（6）: 644-649, 719.

夏英, 宋伯生. 2001. 食品安全保障: 从质量标准体系到供应链综合管理[J]. 农业经济问题,（11）: 59-62.

肖剑, 但斌, 张旭梅. 2010. 双渠道供应链中制造商与零售商的服务合作定价策略[J]. 系统工程理论与实践, 30（12）: 2203-2211.

熊中楷, 李根道, 唐彦昌, 等. 2007. 网络环境下考虑动态定价的渠道协调问题研究[J]. 管理工程学报, 21（3）: 49-55.

徐兵, 孙刚. 2011. 需求依赖于货架展示量的供应链链间竞争与链内协调研究[J]. 管理工程学报, 25（1）: 197-202.

徐广业, 但斌. 2012. 电子商务环境下双渠道供应链协调的价格折扣模型[J]. 系统工程学报, 27（3）: 344-350.

徐家旺, 黄小原, 邱若臻. 2007. 需求不确定环境下闭环供应链的鲁棒运作策略设计[J]. 中国管理科学, 15（6）: 111-117.

鄢飞, 董千里, 王莉萍. 2009. 物流服务供应链协同运作机理分析[J]. 统计与信息论坛, 24（8）: 53-58.

杨亚, 范体军, 张磊. 2016. 新鲜度信息不对称下生鲜农产品供应链协调[J]. 中国管理科学, 24（9）: 147-155.

叶飞, 林强, 莫瑞君. 2012. 基于 B-S 模型的订单农业供应链协调机制研究[J]. 管理科学学报, 15（1）: 66-76.

易法敏, 夏炯. 2007. 基于电子商务平台的农产品供应链集成研究[J]. 经济问题,（1）: 87-90.

于辉, 陈剑. 2007. 需求依赖于价格的供应链应对突发事件[J]. 系统工程理论与实践,（3）: 36-41.

于辉, 陈剑, 于刚. 2005. 协调供应链如何应对突发事件[J]. 系统工程理论与实践,（7）: 9-16.

于兆燕, 谢芳, 杨爱峰. 2009. 两个竞争的零售商的促销协调策略[J]. 工业工程, 12（3）: 35-38, 47.

张春勋, 刘伟, 赖景生. 2009. 基于 GNBS 和正式固定价格价格契约的农产品供应链关系契约模型[J]. 中国管理科学, 17（2）, 93-101.

张敏. 2007. 论信息化与我国农产品供应链的构建[J]. 农村经济,（8）: 42-45.

张晟义, 强始学. 2002. 中国乳业供应链竞争的兴起及动因分析[J]. 新疆农垦经济,（6）: 6-8.

张晟义, 张卫东. 2004. 供应链管理: 21 世纪的农业产业化竞争利器[J]. 中国农业科技导报, 4（5）: 62-66.

张伟, 周根贵. 2015. 一次提前订购下生鲜农产品的最优订货[J]. 中国管理科学, 23（11）:

138-144.

张学龙，王道平，赵相忠. 2012. 区间灰色时滞特征的供应链建模及稳定性分析[J]. 工业工程，15（3）：20-23.

张学志，陈功玉. 2009. 我国农产品供应链的运作模式选择[J]. 中国流通经济，（10）：57-60.

赵霞，吴方卫. 2009. 随机产出与需求下农产品供应链协调的收益共享合同研究[J]. 中国管理科学，17（5）：88-95.

赵晓飞，李崇光. 2008. 农产品供应链联盟的利益分配模型与策略研究[J]. 软科学，22（5）：90-94，110.

郑慧莉. 2005. 电信业务转售供应链批发价格合同研究[J]. 南京邮电学院学报（自然科学版），25（5）：48-52.

朱毅华，王凯. 2004. 农产品供应链整合绩效实证研究——以江苏地区为例[J]. 南京农业大学学报（社会科学版），4（2）：42-48.

庄品，王宁生. 2004. 供应链协调机制研究[J]. 工业技术经济，23（3）：71-73.

Aviv Y. 2003. A time-series framework for supply chain inventory management[J]. Operations Research, 51（2）：210-227.

Baghalian A, Razapour S, Farahani R Z. 2013. Robust supply chain network design with service level against disruptions and demand uncertainties: a real-life case[J]. European Journal of Operational Research, 227（1）：199-215.

Barkema A. 1993. Reaching consumers in the twenty-first century: the short way around the barn[J]. American Journal of Agriculture Ecomomics, 75（5）：1126-1131.

Bernstein F, Federgruen A. 2003. Pricing and replenishment strategies in a distribution system with competing retailers[J]. Operations Research, 51（3）：409-426.

Bernstein F, Federgruen A. 2005. Decentralized supply chains with competing retailers under demand uncertainty[J]. Management Science, 51（1）：18-29.

Bernstein F, Federgruen A. 2007. Coordination mechanisms for supply chains under price and service competition[J]. Manufacturing & Service Operations Management, 9（3）：242-262.

Boyaci T, Gallego G. 2004. Supply chain coordination in a market with customer service competition[J]. Production and Operations Management, 13（1）：3-22.

Cachon G P. 2003. Supply chain coordination with contracts[J]. Handbooks in Operations Research & Management Science, 11：227-339.

Cai X, Chen J, Xiao Y, et al. 2010. Optimization and coordination of fresh product supply chains with freshness-keeping effort[J]. Production & Operations Management, 19（3）：261-278.

Cai X Q, Chen J, Xiao Y, et al. 2013. Fresh-product supply chain management with logistics outsourcing[J]. Omega, 41（4）：752-765.

Cho R K, Gerchak Y. 2005. Supply chain coordination with downstream operating costs:

coordination and investment to improve downstream operating efficiency[J]. European Journal of Operational Research, 162（3）: 762-772.

Coase R H. 1937. The nature of the firm[J]. Economica New Series, 4（16）: 386-405.

den Ouden M, Dijkhuizen A A, Huirne R B M, et al. 1996. Vertical cooperation in agricultural production marketing chains with special reference to product differentiation in port[J]. Agribusiness, 12（3）: 277-327.

Dumrongsiri A, Fan M, Jain A, et al. 2008. A supply chain model with direct and retail channels[J]. European Journal of Operational Research, 187（3）: 691-718.

El Saadany A M A, Jaber M Y. 2008. Coordinating a two-level supply chain with production interruptions to restore process quality[J]. Computers & Industrial Engineering, 54（1）: 95-109.

Gaur V, Giloni A, Seshadri S. 2005. Information sharing in a supply chain under ARMA demand[J]. Management Science, 51（6）: 961-969.

Gensler S, Skiera B, Dekimpe M G. 2007. Evaluating channel performance in multi-channel environments[J]. Journal of Retailing and Consumer Services, 14（1）: 17-23.

Gimenez C, Ventura E. 2005. Logistics-production, logistics-marketing and external integration[J]. International Journal of Operations & Production Management, 25: 20-38.

Golan E, Karissoff B, Kuchler F, et al. 2003. Tarceability in the US food supply: dead end or superhighway[J]. Choices, 18（2）: 17-20.

Guo Y, Chen J, Guo H, et al. 2013. Coordination mechanism of SaaS service supply chain: based on compensation contracts[J]. Journal of Industrial Engineering and Management, 6（4）: 1174-1187.

Hahn K H, Wang H H, Shinn S W. 2004. A return policy for distribution channel coordination of perishable items[J]. European Journal of Operational Research, 152（3）: 770-780.

Hua G, Wang S, Cheng T C E. 2010. Price and lead time decisions in dual-channel supply chains[J]. European Journal of Operational Research, 205（1）: 113-126.

Jaber M Y, Glock C H, EI Saadany A M A. 2013. Supply chain coordination with emissions reduction incentives[J]. International Journal of Production Research, 51（1）: 69-82.

Jacxsens L, Luningb P A, van der Vorst J G A J, et al. 2010. Simulation modelling and risk assessments as tools to identify the impact of climate change on microbiological food saty: the case study of fresh produce supply chain[J]. Food Research International, 43（7）: 1925-1935.

Jang W, Klein C M. 2011. Supply chain models for small agricultural enterprises[J]. Annals of Operations Research, 190（1）: 359-374.

Kazaz B, Webster S. 2011. The impact of yield-dependent trading costs on pricing and production planning under supply and demand uncertainty[J]. Manufacturing & Service Operations

Management, 13（3）: 404-417.

Kinnucan H W, Molnar J J. 2004. Policies and regulatory measures for enhancing distribution and marketing of agricultural products: The U. S. experiencea[J]. China Agricultural Ecomomic Reviews, 2（4）: 504-517.

Kunter M. 2012. Coordination via cost and revenue sharing in manufacturer-retailer channels[J]. European Journal of Operational Research, 216（2）: 477-486.

Kurata H, Yao D Q, Liu J J. 2007. Pricing polices under direct vs. indirect channel competition and national vs. store brand competition[J]. European Journal of Operational Researeh, 180（1）: 262-281.

Lariviere M, Porteus E L. 2001. Selling to the newsvendor: an analysis of price-only contracts[J]. Manufacturing & Service Operations Management, 3（4）: 293-305.

Lee H L, Padmanabhan V, Whang S. 2015. The bullwhip effect in supply chains[J]. IEEE Engineering Management Review, 43（2）: 108-117.

Li J, Wang S, Cheng T C E. 2010. Competition and cooperation in a single-retailer two-supplier supply chain with supply disruption[J]. International Journal of Production Economics, 124（1）: 137-150.

Liu W H, Xie D, Xu X C. 2013. Quality supervision and coordination of logistic service supply chain under multi-period conditions[J]. International Journal of Production Economics, 142（2）: 353-361.

Manthou V, Matopoulos A, Vlachopou M. 2005. Internet-based applications in the agri-food supply chains: a survey on the Greek canning sector[J]. Journal of Food Engineering, 70（3）: 447-454.

Meyn S. 2007. Control Techniques for Comples Network[M]. New York: Cambridge University Press.

Mighell R L, Jones L A. 1963. Vertical coordinationin Agriculture U. S. Department of Agriculture[R]. Economic Research Service, Agricultural Economic Report.

Munson C L, Rosenblatt M J. 2001. Coordinating a three-level supply chain with quantity discounts[J]. IIE Transactions, 33（5）: 371-384.

Qi X, Bard J F, Yu G. 2004. Supply chain coordination with demand disruption[J]. Omega, 32（4）: 301-312.

Qin Y, Wang J, Wei C. 2014. Joint pricing and inventory control for fresh produce and foods with quality and physical quantity deteriorating simultaneously[J]. International Journal of Production Economics, 152: 42-48.

Rong A, Akkerman R, Grunow M. 2011. An optimization approach for managing fresh food quality throughout the supply chain[J]. International Journal of Production Economics, 131（131）:

421-429.

Schönlein M, Makuschewitz T, Wirth F, et al. 2013. Measurement and optimization of robust stability of multiclass queuing network application in dynamic supply chains[J]. European Journal of Operational Research, 229（1）: 179-189.

Schönlein M, Wirth F. 2012. On converse Lyapunov theorems for fluid network models[J]. Queuing Systems, 70（4）: 339-367.

Seong Y P, Hean T K. 2003. Modelling hybrid distribution channels: a game-theoretic analysis[J]. Journal of Retailing and Consumer Services, 10（3）: 155-167.

Sethi S, Yan H, Zhang H. 2004. Quantity flexibility contracts: optimal decisions with information updates[J]. Decision Sciences, 35（4）: 691-712.

Sieke M A, Seifert R W, Thonemann U W. 2012. Designing service level contracts for supply chain coordination[J]. Production and Operations Management, 21（4）: 698-714.

Simchi-Levi D, Kaminsky P, Simchi-Levi E. 2003. Managing the Supply Chain: The Definitive Guide for the Business Professional[M]. New York: McGraw-Hill.

Tan K C. 2001. A framework of supply chain management literature[J].European Journal of Purchasing & Supply Management, 7（1）: 39-48.

Tsay A A, Agrawal N. 2000. Channel dynamics under price and service competition[J]. Manufacturing & Service Operations Management, 2（4）: 372-391.

van Landeghem H, Vanmaele H. 2002. Robust planning: a new paradigm for demand chain planning[J]. Journal of Operations Management, 20（6）: 769-783.

Wang F, Lai X, Shi N. 2011. A multi-objective optimization for green supply chain network design[J]. Decision Support Systems, 51（2）: 262-269.

Williamson O E. 1985. The Economic Institutions of Capitalism[M]. New York: The Free Press.

Wu D, Ray G, Geng X, et al. 2004. Implications of reduced search cost and free riding in e-commerce[J]. Marketing Science, 23（2）: 255-262.

Xin J. 2007. How does free riding on customer service affect competition[J]. Marketing Science, 26（4）: 488-503.

Yan R, Pei Z. 2011. Information asymmetry, pricing strategy and firm's performance in the retailer multi-channel manufacturer supply chain[J]. Journal of Business Reseach, 64（4）: 377-384.

Yang P C. 2004. Pricing strategy for deteriorating items using quantity discount when demand is pricing sensitive[J]. European Journal of Operational Research, 157（2）: 389-397.

Yu M, Nagurney A. 2013. Competitive food supply chain networks with application to fresh produce[J]. European Journal of Operational Research, 224（2）: 273-282.

Yao D Q, Liu J J. 2005. Competitive pricing of mixed retail and e-tail distribution channels[J]. Omega, 33（3）: 235-247.

Zanjani M K, Ait-Kadi D, Nourelfath M. 2010. Robust production planning in a manufacturing environment with random yield: a case in sawmill production planning[J]. European Journal of Operational Research, 201(3): 882-891.

Zhao X, Wu F W. 2011. Coordination of agri-food chain with revenue-sharing contract under stochastic output and stochastic demand[J]. Asia-Pacific Journal of Operational Research, 28(4): 487-510.

Zhou Y W. 2007. A comparison of different quantity discount pricing policies in a two-echelon channel with stochastic and asymmetric demand information[J]. European Journal Operational Research, 181(2): 686-703.

后　　记

本书在农产品供应链理论研究的基础上，着重分析广西农产品流通特点和供应链现行模式，研究农产品供应链系统稳定性测度方法和供应链协调决策模型，提出广西农产品供应链管理模式，对加快农产品供应链协调机制研究和促使广西农产品供应链管理理论框架的逐步成熟有积极的学术意义和实践意义。本书以广西农产品供应链为研究对象，研究广西农产品供应链协调机制及其管理模式，主要研究结论如下。

（1）农产品供应链相关理论研究。

依据农产品供应链的基本概念，研究农产品供应链的本质特征，分析农产品供应链各主体的地位和功能，总结农产品供应链模式，并分析了农产品供应链的发展趋势。

（2）广西农产品供应链现状及存在的问题。

在分析广西的区位优势、农业概况和农产品生产现状的基础上，研究广西农产品供应链流通特点，主要包括：农产品流通需求加大、市场交易日益繁荣、流通设施及条件逐步完善等。分析广西农产品供应链的现状及存在的问题，主要包括：农产品物流专业化和规模化程度偏低、农产品物流技术比较落后、农产品的质量安全体系不健全、供应链管理成本偏高效益低、加工流通有待进一步发展等。

（3）农产品供应链系统稳定性测度方法。

供应链的波动效应加大了农产品供应链系统建模的难度，稳定性是农产品供应链管理的重要目标之一。针对具有区间灰色特征的农产品多级排队供应链网络系统波动性难题，以供应链网络为研究基础，建立农产品灰色多级排队供应链系统，并采用多级排队网络方法研究受到达率和服务时间间隔两个扰动量影响时该系统的稳定性测度方法。对于受扰动量影响的农产品供应链系统，都能达到稳定状态，而且扰动量能改善供应链系统的性能，使其具有较强的鲁棒性特征。

（4）制造商主导型农产品双渠道供应链协调决策。

以制造商主导型农产品供应链为研究对象，研究双渠道农产品供应链协调策略问题。引入双渠道价格敏感系数和竞争系数两个变量，分别建立双渠道农产品供应链集中决策、分散决策和协调决策的 3 种模型。研究结果表明：双渠道农产品供应链选择不同的策略，零售商和供应链整体收益都增加，使用 Shapley 值法的协调方法，直接达到预期协调效果。

（5）考虑价格和服务竞争的农产品供应链协调决策。

针对"产品+服务"式消费理念日益凸出的情况，企业间的竞争也已从单纯的价格竞争扩展到价格和服务质量共同竞争的状态。通过引入价格交叉系数、服务替代系数两个变量，分析两级农产品供应链在集中决策、分散决策和协调决策的博弈均衡模型，为验证模型的有效性和可行性，通过数值分析，分析零售商、制造商和供应链整体的各决策变量值的变化状态。研究表明：不同决策情形的销售价格和服务质量与引入变量有关；运用收益共享成本分担契约的方法协调后，零售商是"绝对收益者"，收益共享系数在合理取值范围时，制造商具有相同的收益，但在合理取值范围之外时，零售商必须支付固定费用给制造商进行补偿；协调决策的供应链整体收益大于分散决策的供应链收益。

（6）农产品供应链回购契约协调决策。

针对农产品供应链管理中的产出和需求不确定性问题，考虑农产品的缺货损失和剩余残值，面对随机比例产出情形，构建双重不确定性下农产品供应链协调模型，研究风险中性下制造商和零售商构成的农产品供应链系统的最优计划生产量、订货量和协调决策。研究表明农产品供应商和零售商的决策变量通过供应商产出投入比值相互影响，在市场参数一定的情况下，该比值是一个固定值；批发价格合同不能实现不确定环境下农产品供应链系统协调；回购契约也不能使得系统直接达到完美协调效果，而是取决于批发价格和相关合同参数的博弈结果，且最佳的解决方案不是唯一的纳什均衡解，协调后成员期望收益为最优系统期望收益的仿射函数。

（7）广西农产品供应链管理模式分析。

在综合以上研究内容的基础上，建立未来广西农产品供应链管理的目标模型，提出广西农产品供应链发展的主要任务和举措，主要包括：培养新的农产品流通主体、加强农村组织化程度建设、完善农产品终端销售渠道和市场体系等。并进一步提出了广西农产品供应链发展对策，主要包括：加强农产品保险物流体系建设、完善农产品物流信息化建设、扶植农产品第三方物流企业、加强供应链上农产品的质量监控等。

供应链协调问题逐渐成为当前供应链管理领域的研究热点，本书主要以农产品供应链为研究对象，将普通供应链协调的方法引入农产品供应链协调的研究中，分别研究广西农产品供应链协调机制和管理模式，取得了一些成果。但是广西农产品供应链形式复杂多样，由于时间和其他一些客观条件，还有许多问题值得深入分析和研究。

广西农产品供应链协调的其他方法研究。本书从农产品供应链系统稳定性测度方法、制造商主导型农产品双渠道供应链协调决策、考虑价格和服务竞争的农产品供应链协调决策、农产品供应链回购契约协调决策等多个维度重点研究广西农产品供应链协调机制与管理策略，其他方法如智能优化方法、模糊控制方法等，是未来研究工作的重点。